思想觀念的帶動者

文化現象的觀察者

本土經驗的整理者

生命故事的關懷者

Psychotherapy

探訪幽微的心靈，如同潛越曲折逶迤的河流
面對無法預期的彎道或風景，時而煙波浩渺，時而萬壑爭流
留下無數廓清、洗滌或抉擇的痕跡
只為尋獲真實自我的洞天福地

Evocation:
Enhancing the Psychotherapeutic Encounter

喚醒式治療
催眠‧隱喻‧順勢而為

傑弗瑞‧薩德 Jeffrey K. Zeig———著
洪偉凱———譯

目錄

豐富的生命經驗從溝通的藝術開始

蔡東杰

養全診所院長；華人艾瑞克森催眠治療學會理事長

傑夫（Jeff）總給我不斷的驚奇！

跟著他學習的這十多年，他不斷地鍛鍊自己，發展不同的治療技巧，並且透過他的著作，架構出他獨特的治療模式。

薩德博士將催眠與心理治療當作一個隱喻，治療師關注如何與個案溝通，並且引發個案由內而外的改變，而心理治療只是這類溝通與改變引發的其中一種模式。薩德博士在「情緒衝擊」（Emotional Impact）計畫中造訪了許多藝術家，企圖解構藝術家創作的元素與步驟。2007 年他來台灣上課時，我陪著他用了一個下午的時間在台北探訪了幾位藝術家，其中包括畫家、亞太影后與舞台劇導演。最後一站到了紙風車基金會，訪問了李永豐執行長，執行長為傑夫說明他如何布局兒童劇：一開場就要為小朋友創造一個驚喜，接著持續不斷的高潮，吸引注意力，而突然的停頓讓小朋友安靜下來，並且期待舞台上下的一個驚奇，這時他就可以開始說故事了。傑夫聽得津津有味，兩人的討論很精彩。這個計畫結束後，薩德博士完成了《情緒衝擊》一書，介紹電影《勾引陌生人》（*Perfect Stranger*）的導演詹姆斯・弗雷（James Foley）如何說故事。

在這次難得的經驗後，一個星期五晚上，我正為病人做治療，診所不遠的高雄巨蛋，Hebe 田馥甄正在舉辦演唱會。我意識到我們都從事類似的工作：創造美好的經驗，但我們能夠影響到的人數則有極大的差別。或許我可以跟隨薩德博士的腳步，學習藝術創作或其他形式的活動，汲取當中引發情緒衝擊的元素，豐富我的治療。可惜這只是想法，沒有付諸行動。傑夫則是將這些概念，具體實踐在他的治療中，而本書正是他目前對於溝通與治療的總結，我說「目前」，因為相信他還會繼續演化。

艾瑞克森醫師神奇偉大的地方，在於他不設定理論架構，這樣讓我們無法輕鬆地學習大師的奧妙手法。但也因為沒有理論的框架，他的徒子徒孫們有寬廣的發展空間。艾瑞克森醫師是馬賽克思考的人，常讓人摸不清他的介入手法；薩德博士則是線性思考的人，更難得的是，他擅於將艾瑞克森複雜的手法結構起來，並且用線性的方法解說，方便我們的學習。十多年前，觀看約翰與瑪莉的治療影片，傑夫說那是人類有紀錄最棒的治療。艾瑞克森醫師在主要介入之前三十分鐘就已經播下種子，時機成熟，那個「成為男人」的故事就發芽茁壯（見本書第二章），他有如棋藝高手、小說家，能夠比對手更早布局，掌握全局。當時我想，這樣的治療只能當作珍貴的藝術品欣賞，世上不再有人可以重現相同的治療藝術。今年因疫情的關係，傑夫為夥伴們舉辦了「台灣線上大師督導班」，每個星期天早上，傑夫為一位擔任個案的同學做治療，他試圖展現做治療的不同樣貌與可能。我們享受了他展現多年的功力，多次親眼目睹他如何布局、播種，最後讓擔任個案的夥伴得到超乎想像的經驗。十多年前我認為不可能重現的治療境界，傑夫做到

了，同時將他如何做到的方法無私地在本書公開。有了這本書，給我二十年，我也可以做到！

本書適合任何取向的治療師，也適合對人際溝通藝術有興趣的朋友閱讀。傑夫從不同層面探索溝通，讓溝通不再只是語言訊息的交換，更可以藉由聲音、姿態、細微的肢體動作。而溝通後的產物，也不再侷限於言語、認知上，更可能是一種感覺，可以長長久久留在心中的經驗。

很感謝心靈工坊出版本書的中文版，也感謝我的好朋友偉凱將這本書翻譯得如此流暢易懂，方便我們學習。

享受傑夫帶來的驚奇吧！

創造讓改變發生的情境

張忠勛

臺北市建安國小輔導教師；華人艾瑞克森催眠治療學會理事

從事助人工作多年，一直追求一件事：如何幫助別人改變？看似最快入手的應該是理性情緒行為治療（REBT）吧！努力駁斥個案的非理性信念就可以讓個案改變嗎？沒有！個案告訴我：「老師，你說的我都知道，但是我就是沒辦法放下……」這樣子不行！那怎麼辦？心理劇？完形？阿德勒？到底什麼樣的治療取向和技術適合我？感謝《催眠之聲伴隨你》（*My Voice Will Go Will You*）這本好書，讓我認識了艾瑞克森取向，但是我跨入助人工作者領域時，艾瑞克森醫師早已逝世，怎麼才能學習艾瑞克森神妙的心理治療技巧呢？謝天謝地！艾瑞克森醫師的弟子薩德博士還活著！我有幸聽聽他是如何詮釋艾瑞克森的心理治療。

薩德老師是位非常熱愛學習的人（包括了他一把年紀了還去學開滑翔機），他曾經去訪談奧斯卡級的電影配樂大師，請教他如何製作電影配樂，訪談中，他瞭解到電影配樂就是塑造一種情境，讓人產生經驗，讓人「身歷其境」，從而達到電影的效果。這有如艾瑞克森，從來不告訴學生該怎麼做，也不告訴他們一堆理論，而是讓學生和個案們實際經歷和體會如何運用日常的心理現象來改變對問題的觀點，產生新的經驗，進而重新架構個案的問題，這才是心

理治療的方向。

　　剎那間，我的整個世界變寬闊了：我不再是「告訴」個案該如何改變，而是思考如何「創造情境」，讓個案經驗到改變。

　　不僅是心理治療如此，其實人生又何嘗不是透過如此的歷程發生改變？回頭想想那些影響我們深遠的師長，你不會想到他們教導了什麼「知識」，他可能是在最失落的時候鼓勵了你，他可能是用一些行動讓你學習到書本上沒有的東西，他可能是用親切關懷的態度陪伴你學習，不管如何，他們都創造了改變的情境，而你產生了「經驗」。

　　這些正是薩德老師從艾瑞克森身上學習並傳承下來的寶貴經驗與人生智慧。能夠把大師的神奇治療技術解析得這麼透徹，除了薩德老師之外，還能有誰呢？

　　有些人會認為，我們這些艾瑞克森取向的助人工作者神化了艾瑞克森，其實，艾瑞克森醫師和薩德老師一樣，並不是被神化的治療大師，他們只是有遠見、睿智且真正關懷個案的助人工作者而已。

　　他們的治療並不是什麼神妙不可及的技術，他們透過不斷學習和對人透徹的觀察，把生活中的心理歷程轉化且運用到治療當中，所以在他們心中，治療「技術」不是重點，幫個案創造出什麼樣的改變情境才是重點。

　　這對那些創造出一堆治療技術名詞的學派而言，聽起來很刺耳，但是如果改變一定需要所謂「技術」，那為什麼有些人不需要接受治療就自我改變了呢？武俠小說裡功夫高手不需要仰賴任何神兵利器，飛花落葉信手拈來就可以迎敵。艾瑞克森醫師就是這樣的

絕世高手，薩德老師也是。

　　想要瞭解禪宗大師如何開悟，但是苦無機會跟著大師學習，就只能先買本禪宗公案，上面加上大師的注釋，如此才能學習到大師的精髓，努力追隨大師看能不能早日開悟！

　　有一天，你也會體會到：「哇！我做了什麼，導致了這麼棒的體驗！？」

找回失落的內在資源

黃天豪

新田、初色心理治療所臨床心理師、華人艾瑞克森催眠治療學會理事

本書原文書名「Evocation」，在本書翻譯為「喚醒」，字典的定義是指「讓人記憶或想像」；但打開 Google 翻譯，它還有一個非常有意思的譯法：「招魂」。

什麼樣的人需要招魂？失去歸鄉路的亡者，或佚失某部分魂魄的人。換言之，這不是一個無中生有的過程。不是「造」魂——把原先沒有的東西創造出來；而是召回，把失落的東西找回來。

的確，這也是艾瑞克森取向心理治療一個很核心的精神——相信解決問題的資源，早已存在眼前此人身上；甚至，個人所呈現出來的問題與症狀，也可以是資源。因此，我們可以在心理治療中，喚起個人內心原本存在著（但沉睡著）的某些什麼，把它培養放大，成為這個人新的身分認同；但那又不完全是新的，因為那樣的身分種子，原本就存在，只是被遺忘了，或尚未被記起。

因此，艾瑞克森取向的心理治療師，是會談室裡的「巫師」。我們走進個案的心靈曠野，調整自身的狀態，引發個案的獨特狀態與體驗。艾瑞克森取向心理治療師，也是會談室裡的「園丁」。我們找出個案的身分種子，創造適當的條件，培養個案的自我認同與意象。

看到這裡，我們完全可以想像，要完成這樣的過程，絕無法僅透過單純的言說。更多時候，它是（也得是）一種多層次的溝通。或者引用作者薩德博士的說法，需要幾種不同的元素，包括引導導向、策略思考、順勢而為，這些方法便是用來誘發獨特體驗，喚醒更好的狀態和身分。

而要說誰是這個世界上最擅長使用多層次溝通的人，大概非艾瑞克森醫師莫屬了。而在這個世界上，能夠把艾瑞克森講解得最完整最清楚的，我相信正是薩德博士，沒有之一。

在閱讀這本書的過程之中，我忍不住翻出《跟大師學催眠》[1]，閱讀其中的個案逐字稿；更忍不住打開電腦，看了 2002 年 10 月，薩德博士針對艾瑞克森醫師在 1978 年 12 月錄下的治療講解：「處理阻抗」[2]。每當我以為自己已經比以前多看懂一些東西時，透過薩德博士的逐段解說，才又發現原來艾瑞克森醫師還做了這麼多。每當以為看透了這個片刻，才赫然意識到艾瑞克森醫師竟然從第一刻開始，就已經準備好要溝通這個概念……艾瑞克森醫師的治療實錄，是一本可以反覆閱讀的書，是一本每次接觸都會產生不同領悟的經典。而薩德博士寫下的這本書，是這本經典的最佳導讀；而且，他已經為我們閱讀了四十年。

但還不僅止於此。本書還包括薩德博士精心設計出的「心理

---

1 《跟大師學催眠：米爾頓·艾瑞克森治療實錄》，中文由心靈工坊 2004 年出版。
2 此影片可在艾瑞克森基金會的網站上購買：https://catalog.erickson-foundation.org/item/working-resistance-stream

有氧」[3] 治療師培訓活動，以及他在「心理治療演進大會」[4] 中，針對這些練習所做的示範紀錄。看到這些內容，我憶起當時人就坐在這場的示範舞台下，親眼看著並參與這些刻意練習過程（台下的人也要分組練習）；也深刻體驗到這些練習如何能引發出治療師的策略思考狀態。因此，薩德博士不僅淬煉經典，並已卓然成家；從傳承，走向創新。

2020 年，因為肺炎疫情肆虐，我們有機會跟著薩德博士，在虛擬教室參與了足足五個月的大師督導班。我發現自己有如當年薩德博士的反應一樣，驚訝讚嘆於薩德老師在歷程之中溝通了這麼多的概念。那樣一層又一層，有如俄羅斯娃娃般，平行的多層次溝通；也許這些歷程，也會讓我繼續閱讀四十年。許多人在課後詢問，還有什麼樣的方式，可以更有系統地學習到這些技巧——不用懷疑，這本書絕對是其中的一個重要環節。

我衷心相信這些書以及影片，將會喚醒每位讀者心中，喚醒式溝通的靈魂！

---

3 心理有氧（Psychoaerobics），是薩德博士為培訓治療師而發展出的概念，並寫成了一本書。書中包含數十個培養治療師敏感度、回應性、狀態的練習活動。
4 由米爾頓艾瑞克森基金會（Milton H. Erickson Foundation）所辦理的心理治療大會。最初每五年舉辦一次，與會的心理治療大師雲集，的被喻為全球最大的心理治療盛會。

|譯者序|

薩德：不停超越自己的治療巨匠

洪偉凱

鳳凰城艾瑞克森基金會顧問、產品開發主任、市場行銷主任

台灣執照諮商心理師、紐約執照心理治療師 LMHC

短期心理治療大會講師、艾瑞克森國際年會主要講師

華人艾瑞克森催眠治療學會理事

艾瑞克森學派催眠治療師

我本來以為薩德老師出了三部曲之後，應該就會安享退休的生活了。結果我完全錯了，這本《喚醒式治療：催眠．隱喻．順勢而為》完全讓我驚豔，這是第四部曲！正當一切都感覺已經差不多了，薩德老師再度推出曠世巨作，根本就像是艾瑞克森再現。艾瑞克森做治療，總是在當我們覺得已經到盡頭了，差不多了，沒什麼可以再增加了的時候，再次突破自己，把治療推進到另一更高的境界。我完全無法想像如果我是薩德老師會怎樣，當我覺得這三部曲已經差不多時，他把自己又推到另一個高度——這就是艾瑞克森學派的精髓。

透過這本書，你不是在學習技巧或方法，而是在學習一種心法。這是口語無法描述的心法，只能透過親身體驗、實證，才能獲得真實潛力。這本書教的是一種禪宗的「點悟」，說點悟太過抽象，所以薩德老師把這種點悟的體驗化成一種具體的方式，你可以

學習，然後就會知道點悟是什麼感覺。

　　過去四十年，薩德老師是推動世界心理治療發展的推手，他自己很謙虛，只說自己參與在心理治療發展工作之中。但事實是，他站在世界心理治療的最頂端，所有還在世或是已經成為歷史的大師都會認同這個觀點。他做了沒人能夠做到的事情——創辦世界心理治療發展大會，連續四十年。而我們如今有幸站在巨人的肩膀上，可以看到更遠的方向和使命，透過這本書，我相信會培育出更多優秀的心理治療大師，這也是這本書的使命和願景。

　　因為疫情的緣故，我跑到了美國，在鳳凰城落腳了。薩德老師毫不猶豫地接納我，讓我在鳳凰城艾瑞克森基金會工作。這是我的夢想成真，讓我可以接觸到艾瑞克森第一手的影片和文件，讓我可以把這些東西翻譯成中文，貢獻給華人世界。對於我而言，把薩德老師四十年的心理治療和催眠功力轉譯成中文，不僅是我的使命，也是我的榮幸。如果這本書能夠幫助更多人活出自在燦爛的人生，我和薩德老師就了無遺憾。

　　在鳳凰城工作的這些日子，我看到薩德老師如何親身實踐他所謂的喚醒力。他七十三歲、看似老先生，卻有著驚人的體力和智慧，沒有一天休息過。每一天我都自嘆不如，我已經不眠不夜工作，他卻能夠同時處理基金會的事物、舉辦線上課程、撰寫艾瑞克森傳記、錄製講評的影片。我從沒看過他寫稿演講，他總是即興發揮。很多次錄影，我都是拍案叫絕，他怎麼能夠如此源源不絕、精彩絕倫地講解——不論是他自己的治療過程，或是解析艾瑞克森影片！如果你想擁有這種無限的潛力和可能性，想學習薩德老師如何站在世界心理治療的頂峰，這本書毫不藏私地教導你。有時候我們

會說大師總是留一手，因為怕學生學會，青出於藍更勝於藍。但這本書告訴我們，這不完全正確，有實力的大師，總是不藏私地全部貢獻，全部給學生，因為大師們自己都在不停演進、進化，我確實是有種跟不上他的進步腳步的感受，卻也發現，這才是我真正想跟隨、學習的榜樣。不停進化、不停演化，人生就是看你如何將潛力發揮到極致。艾瑞克森做到了，薩德老師做到了，我還在進步當中，我邀請你也來一起進步，活出光輝燦爛的人生。

我思念故鄉台灣，但現在我發現鳳凰城艾瑞克森基金會是一座取之不盡、用之不竭的黃金寶庫，每天跟著薩德老師，看著艾瑞克森的珍貴資料，我就在進步，我樂不思蜀。儘管鳳凰城疫情很嚴重，但我想要把更多美好的東西帶給大家，暫時不回台灣。我邀請你們一起來進步，一起發現自己的潛力——這本書就是最佳起點。我們一起創造心理治療、催眠治療的未來！薩德老師提出的「喚醒力」，是未來世界心理治療的趨勢和潮流，也是人們自我成長的最佳學習資料。歡迎大家更關注艾瑞克森以及薩德老師的中文影片、中文課程。這本《喚醒式治療》加上薩德老師線上課程，相輔相成，是最佳的學習方式。特別感激心靈工坊出版這麼有意義的書籍，讓更多人的人生因此多采多姿。

如果你還沒到人生的高峰，這本書將會教導你如何到達人生高峰；如果你已經到達人生的頂峰，這本書會教導你如何進到更高的層次，進入一個人生藝術的最高境界！

———給我的摯愛———

給我的女兒莉莉薩德（Lily Beth Zeig Berry）

你使我的人生充滿愛

給薩德的一封信

埃文・波斯特（Erving Polster）

當代完形治療大師，現年 97 歲

　　我在一九七〇年代中期遇見你，當時我在鮑伯和瑪麗高登夫婦（Bob and Mary Goulding）為團體與家族治療設立的西方機構裡教課，你那時還只是一個學生。當時我無法想像在接下來的數十年間我們會有這麼多合作項目。我們隨後在 1985 年的世界心理治療發展大會上相遇。你邀請我和我太太米莉安（Miriam）一同擔任大會講師。我很榮幸在接下來你所舉辦的歷屆世界心理治療發展大會以及短期心理治療大會上擔任大會嘉賓並演講。

　　剛認識你時，我無從得知你會成為世界心理治療潮流的主要推動力量。在你眾多偉大成就裡，我最欣賞的是你憑一己之力創辦了世界心理治療發展大會。你的遠見帶動各大心理治療學派大師齊聚一堂，彼此切磋，深入瞭解不同的治療方法和理論——這些大師原本都只在各自專業領域奮鬥，並沒有機會互相瞭解。許多偉大心智共聚一堂，使得整個心理治療學界更加蓬勃發展。有些人把這個大會稱之為「心理治療界的胡士托」（譯按：胡士托〔 Woodstock 〕是世界最著名的搖滾音樂節舉辦的小鎮），不僅因為世界心理治療發展大會吸引眾多人潮（超過八千人），更因為它的國際化、世界代表性。世界心理治療發展大會所帶來的全新動能，引領心理治療

學界的蓬勃發展超過三十年。直到現在，在大會裡的專業激盪而引發的興奮感依然存在，儘管這些年過去，人事已非，換上一批新面孔的大師們。在這些年裡，你管理並且帶領世界心理治療的發展潮流朝向全新領域邁進，不是追朔既往，而是讓它自然發生。如果我說這個大會包含了舊人和新人，這樣也不完全正確，因為在這樣巔峰激盪氛圍裡，就算是老人也會創造出新氣象。

更進一步，你和我在這些大會裡多次共同舉辦大師督導班，我有機會可以近身體驗你這些年治療功力的持續精進。你的治療整合了日常諮商對話，加上神奇療效的催眠過程。我看過你閉上眼睛，全神聆聽個案的述說，透過你細微敏銳的觀察，用一種舒服溫柔的方式回饋給個案。這些話語不僅是個案當下的立即感受，也是人生的最真實哲理智慧。當你帶著耐心、用一種詩意的方式述說個案的話語時，也打開一個空間，讓個案可以全然享受、消化吸收你的話語智慧。對於當下此時此刻的關注，允許個案從一個預設的困境裡被釋放出來，你邀請他們進入一個全新的感官世界，細細品味療癒的對話。這產生了一個妙不可言的深刻感受，同時也帶出了現實問題的實際解答。

我為你這本新書的誕生感到萬分欣喜雀躍。對於闡述、解構米爾頓·艾瑞克森的治療技巧，全世界無人能出其二，你幫助世人詳盡理解艾瑞克森的治療藝術。能夠把治療藝術、醫者之心帶給新世代的人們，是一件意義非凡的事。我也非常敬仰你的創造力，既實際可行，又帶有藝術詩意，你帶給這世界一個不可多得的禮物，和絕無僅有的療癒工作。

波斯特博士

致謝

我是眾多受惠於米爾頓，艾瑞克森智慧教導的其中一人。

深深感謝我的編輯們，馬妮・麥甘（Marnie McGann）和蘇西・塔克（Suzi Tucker）。給馬妮：你細心又敏銳的筆觸幫助我在呈現這本書和其他書中的概念時更加流暢，更加簡單易懂。給蘇西：你是我遇見過最厲害的發展式編輯。你們的存在是我生命裡最棒的祝福。

我也要感謝我在艾瑞克森基金會的同事們，你們的存在讓我的專業工作變得可能。感謝所有基金會員工：瑞秋・卡拉漢（Rachel Callahan）、法蘭西斯考・考瑞拉（Francisco Corella）、切斯・哈波（Chase Harper）、恰克・萊金（Chuck Lakin）、史黛西・摩爾（Stacey Moore）、莉・麥考密克（Leigh McCormick）、馬妮・麥甘（Marnie McGann）、喬舒亞・麥可勞夫林（Joshua McLaughlin）、傑絲・瑞本歇克（Jess Repanshek）、內特・索倫森（Nate Sorensen），以及凱莉瓦・卡羅（Kayleigh Vaccaro）。

給恰克：你高超的市場經營策略和書籍出版知識總是令我讚嘆不已。

深刻感激維克多・卡西斯（Viktor Karsis）在第二部所提供的對話文字稿和圖表。

深切感謝我的好朋友，克里斯丁娜・米坤達（Christian

Mikunda），你卓越的天賦啟發我對於情緒體驗的更深入瞭解。

感謝洪偉凱的翻譯，使得這本書的中文版發行美夢成真。

開場白

　　在 1974-1976 年間，我在研究所準備我的臨床心理學博士論文。那時候，如果有人問我，我的生涯夢想是什麼。我會回答說，我想要旅遊全世界，並且傳授教導催眠和心理治療。然而，我沒有料想到，在我三十歲的時候，這一切就已經美夢成真了。從那時候起，我有數不盡的機會在世界各地許多很棒的地方教導學生。

　　在我 二十六歲時遇見了我的畢生導師艾瑞克森醫師，他對我的教導造就了我精彩絕倫的職業生涯。我無法想象如果沒有遇見艾瑞克森醫師，我的人生會變成怎樣。無論是個人生活或是專業領域，我生命裡很大一部分的快樂來自艾瑞克森醫師對我醍醐灌頂的教導。直到今日，在艾瑞克森醫師過世近四十年後，他仍然是我職業生涯裡不可或缺的一部分。他的作為和思想也是我在世界各地教導學生的核心價值。

　　在本書中，奠基於我先前幾本書的主要教導模式，我進一步闡述我的治療理念。儘管這幾本書可以各自單獨閱讀，最好還是照順序逐一閱讀學習。第一本書，《催眠引導」》（*The induction of Hypnosis*），闡述了我作為艾瑞克森學派傳人的核心基礎理念。第二本書，《經驗式治療藝術》（*The Anatomy of Experiential Impact*），詳盡解說我如何將艾瑞克森學派的理論技巧運用在短期心理治療上。第三本書，《治療師培訓手冊》（*Psychoaerobics*），

書中有我用來培訓治療師發展專業技能和個人成長的許多練習。這些書陸續翻譯成中文版發行。這本書是薩德談心理治療系列的第四本書，我在書中提供一個詳盡的框架，鉅細彌遺地描述喚醒式治療的方法，可以用來提升心理治療的效能。這些方法技巧主要是一種生物本能共振溝通，用來觸及頭腦裡問題所在的區域。我發展出三種主要治療方法包括了，策略思考過程、引導導向（包括運用隱喻和喚醒式溝通）、順勢而為。我在書中為大家說明並演示如何將其運用在治療中。我會帶領大家學習一系列步驟，不論是新手治療師或是資深治療師都可以從中獲益，增強治療效果，也可以運用在各家心理治療學派上。我也希望在治療過程中注入創造力和好玩的元素。

傑弗瑞·薩德博士

於　美國亞利桑那州鳳凰城

第一章

喚醒式治療的元素：
溝通者的自身狀態

▎推論式溝通

　　身為心理治療師，我致力於幫助人們解決每天的問題，包括心智的、心情的、身體的和關係上的壞習慣。我經常使用隱喻和相對應的喚醒式溝通模式來幫助個案，因為這些方法可以有效地轉化人們的負面經驗。聽起來很神奇，當我在做治療時，我會進入一種隱喻的狀態；我成為一個喚醒無意識的溝通者。這些溝通技巧在所有人類溝通中佔有舉足輕重的地位，不僅僅是在心理治療上有效。

　　隱喻（Metaphor）是一種象徵式溝通，也是一種推論式溝通。它是「引導導向」（orienting toward）一個概念——當人類透過象徵方式來溝通概念，通常最有效。我們可以想像一下，一個人在發出邀請時張開雙臂，或是說話時慷慨激昂地揮舞拳頭，都是強化式的動作。身體逐漸靠近，或是身體逐漸遠離，都可推論出獨特意義。當然，同一個手勢在不同場合可能有不同意義；在特定情境裡所用的特定手勢、姿勢，會成為整體溝通的一部分。一些物件可能有隱喻或推論上的價值，增加行動的影響力。一面國旗可能激發人們強烈的愛國心，人們可能為了保護國旗而犧牲生命，在所不惜。

　　推論式（喚醒式）溝通是所有動物溝通的基礎。較低等的動物

透過聲音和動作來溝通，這也是人類口語溝通發展的根源所在。推論式溝通在人與人的關係連結裡扮演重要角色，我們可以策略性地學習這些方法。重點是，我們運用直覺式的推論溝通，而不是透過頭腦來思考——目的是為了產生內在喚醒的效果。

在這本書裡，隱喻是用來理解喚醒式溝通的入門方法——我們可以策略性、邏輯思考性地運用隱喻，得到想要的結果，運用在改變個人情緒、看法、狀態、身分上。進一步來說，我們有個基本假設是，溝通者可以讓自己進入一種說隱喻的狀態裡，看情況說隱喻。隨之而來地，我們也可以進入相關的治療師狀態，進入順勢而為（utilization）的狀態，或是策略性思考（being strategic）的狀態。

我在心理治療領域裡所擅長的是喚醒式溝通、而不是信息式溝通，隱喻就是喚醒式溝通的一個例子。我寫這本書的目的是喚起你對於喚醒式溝通的興趣。以下就是關於喚醒式溝通的簡短解釋。

▎喚醒式溝通和信息式溝通：邏輯演算的和啟發性的

什麼是喚醒式溝通？為什麼這個主題很重要？這跟其他溝通方式有何不同？簡單來說，溝通可以分為信息式溝通和喚醒式溝通。信息式溝通是客觀的，依據事實而溝通。喚醒式溝通是模糊的，會喚醒個人獨特體驗和情緒。科學和數學是一種信息式溝通，這類的溝通主要根據是事實，避免模糊不清的信息。大腦裡更高皮質中心參與其中的運作。例如在物理和數學的方程式運算就是一個例子。在物理上，透過加速，物質重力疊加就會產生力量。在數學上，我們從 1 一路加到 100，總和是 5050。這些數據沒有模糊地帶，是清

楚明白的。

　　科學運用演算法—線性過程，引導出一個清晰結果。科學和數
學方程式是一種邏輯演算，電腦也是。

　　社交溝通無法用訊息式方法來概括全貌。以下就是一個關於
氣象的科學陳述：「室外溫度是華氏 72.5 度，風是從西邊以每小
時 5 英里速度吹來，有 60% 的機率會出太陽。」然而，這個科學
觀察並不是全貌。譬如，我們還需要大氣壓力、溼度以及露點溫度
等數據。然後，關於氣象的簡單社交說法可以是：「外面天氣很舒
服。」現在，我們有無限多種方式來解釋這個說法，因為對某個人
而言是舒服的天氣，可能對另一個人而言是不舒服的。

　　人們經常用模糊的方式溝通。人類的溝通是建構在模糊性上
的，因為在社交場合，我們經常溝通一個經驗，而不是一個事實。

　　在邏輯運算的相反對立面，啟發性的溝通，用簡化的假設來引
導至一個理想的溝通結果——這個結果很可能不是具體的。如果目
標太過複雜，人們傾向使用啟發性溝通。西洋棋賽局就是一個好例
子。

　　一部超級電腦可以打敗一個西洋棋冠軍棋手，因為電腦的超強
計算能力可以運用邏輯理性的方式預測下一步。西洋棋棋手運用啟
發式策略，像是在早期構建城堡來保護國王，或是在賽局早期控制
棋盤中央位置，這會讓棋手在賽局後期擁有較大優勢。這種啟發式
策略是透過他們過去下棋經驗而來的簡單假設，能提供棋手更多優
勢。

　　大部分人類的溝通和推論是奠基於啟發式溝通，因為我們的目
的是親身體驗。追求快樂這件事就是一個例子。快樂不是一個具體

的結果，是一種過程，很多人會思考如何才能得到快樂。他們運用啟發式思考，假設如果他們結婚了、有小孩了、創建一個重要的東西，他們就會快樂。

當需要改變個人的狀態時，人們經常會使用啟發式的做法。運用喚醒式溝通就是一種啟發式方法，因為喚醒式溝通是用來喚醒一個人的狀態，並且改變那個舊有狀態。我們如何定義「狀態」？我們如何去區分狀態、情緒或心情？

▍關於情緒

我們可以把情緒（emotion）定義為瞬間即逝、隨時改變、直覺地、發自內心的經驗。他們是基於生物演化歷史的軌跡自然發生。情緒這個詞是從中古世紀的法文演變而來，emotion 指「一種社交上的心情變化、攪動、不安心情」，在古代法文的意思是emouvoir，「攪動」，追朔到更早期的拉丁文，emovere，大概翻譯後的意思是，「搬出去、移除、不安心情」。情緒這個詞最早是在十七世紀時，用來描述一種「強烈感覺」。到了十九世紀初期，這個詞延伸使用在任何一種感受上。

我們思考一下情緒的定義因素有哪些：情緒是很短暫，瞬間即逝的，情緒會干擾體內的平衡，會消耗能量，是一種生物本能，也是一種直覺。相對來說，邏輯就比較是理性的層面。情緒主要是一種社交反應，會隨著時間而改變，他們有種社交生理上的功能，幫助提升人們的心理健康，適應社會和環境的變化。

情緒是一種自動反應，因此，並不需要意識的存在就可產生。情緒會讓人們靠近想要的東西，遠離所討厭的。如果有個外來的東

西入侵了個人的生存空間，通常人們會逃跑，但是在某些動物會戰鬥。

很多情緒是內在的反應，與人類的經驗息息相關，有些情緒有標準的表達方式（Ekman, 2007）。艾克曼（Ekman）提出，在各種文化裡，人類有六種基本的獨特臉部表情來表達情緒。這些表情包括了，生氣、快樂、驚訝、厭惡、悲傷和恐懼。這些基本情緒是隨著人類的演化而發展。進一步來說，左、右兩側的大腦都有學習能力，所以在將來，情緒的反應會隨時間而調整改變。

我們可以假設就算是簡單的生物都有情緒反應，因為他們會根據內在感受而靠近或遠離某事物。人類有不同感覺和情緒，我們根據社交情境、細微線索和時空背景而決定情緒的表現，而不是單單依靠內心感受。情緒的分類會依據情境而調整改變。

史丹利・史恰特和傑若米・星格（Stanley Schachter, Jerome Singer, 1962）做了個心理學實驗，發現生理的反應只是辨識情緒的一種方法。在實驗過程中，受測者在未知的情況下被注射了腎上腺素，這個藥劑會刺激生理反應的提升。然後把受測者放在一個房間裡，在房間裡有其他演員演出情緒化反應。當被問到藥物所造成的效果如何，心理學家發現實驗數據顯示，受測者的反應都會受到房間裡其他演員影響，跟演員一起情緒化，證實情境背景會決定一個人的感覺被標定和體驗的方式。

在一開始的實驗裡，一半的人被注射腎上腺素，另一半的人被注射安慰劑，這些安慰劑對行為不會產生任何影響。心理學家將注射腎上腺素和安慰劑的受測者全部一起分成三組，第一組人完全不知道腎上腺素有什麼影響，第二組人被告知他們所注射的藥物會造

成皮膚發癢和麻木感覺，第三組人被告知他們所注射的藥物會造成情緒動盪。接著，所有人進入一個房間，在進入房間前心理學家安排一個人，這個人是特意安排的演員，要演出瘋狂的行為，大家都不知道這個人是特意安排的。第一組和第二組的人並沒有獲得關於注射藥物的正確訊息，他們會隨著那個演員的行為而表現出瘋狂。而第三組人，不論是注射安慰劑的，或是注射腎上腺素的，他們有得知正確的藥物訊息，結果都沒有被瘋狂的演員行為所影響，表現正常。這個實驗證實了史丹利和傑若米的二因素情緒理論：生理的情緒變化和認知上被某事物暗示，兩者都會對個人情緒產生重大影響。

　　另一個實驗是唐納和亞瑟（Donald Dutton, Arthur Aron, 1974）關於錯誤情境歸因所造成的情緒影響的實驗。他們要求兩組男士跨越不同的橋。一組人跨越吊橋，這吊橋會引發人們的恐懼。另一組人跨越一座穩固的橋，這橋不會帶來恐懼。在他們跨越橋之後，這兩組人都會遇見一個女士。這個女士事先不知道實驗的目的是什麼。女士會給這兩組男士們做個很模糊的測驗。這個實驗的結果是，跨過吊橋、感受到恐懼的男士們會覺得這女士很有魅力，很吸引人，而跨過正常穩固的橋的男士們，覺得女士沒有魅力。這些男士把受到吸引的原因歸咎於女士的出現。他們沒有考慮他們剛剛經過一座令人恐懼的吊橋也是原因。

　　情境和情緒對於回憶有同等的影響力。高登和柏德利（Godden & Baddeley, 1975）對於深海潛水者做了個研究，顯示潛水者在浮上水面之後對於水底下所發生的事情印象變得模糊。實驗過程要求潛水員在水底和陸地上學習記憶文字。結果顯示，當潛水

員在水底學習記憶文字時，他們直接在水底考試文字，結果記憶力比較好。同樣地，當他們在陸地上學習文字並考試時，他們的測驗結果比較好。

這樣的實驗就得到一個結論，狀態會決定學習的結果。在人類的溝通過程裡也發現強化元素會帶來良好效果。

關於心情

心情（moods）是人類專有的特質。心情和情緒不同，心情更像是僵化的情緒，沒有良好適當的功能。我們舉個例子，人們會處在生氣、恐懼、哀傷等心情中。通常，心情會持續一段時間，儘管在生理上這樣做很耗費能量，而且對人們身體健康不好，但還是會持續下去。大概只有人類會有處於某種心情之中，動物一般來說不會。這並沒有違反生物的生理特徵：有些生物天生更容易受到刺激而反應，有些生物天生就是比較遲緩。

人類透過語言可以很容易區分一個情緒、心情或是感覺，這些東西都可以用一個詞語來描述。如果需要用超過一個詞語來描述，那很可能不是情緒，而是一個狀態。狀態比情緒和心情更多樣化，有更多細微差異。例如悲傷、生氣和快樂都是情緒，但像是殷勤體貼、感受連結，或是擔負責任，這些都算是狀態。

關於狀態

狀態（states）是一組元素的複雜組合體，包括了感覺、情緒、行為、關係模式、大腦元素、記憶、身體感受以及感知。狀態是一種複雜體，他們更多是透過意識和意圖來調節，而不是情緒。

不同的狀態像是，負責任狀態、激勵狀態、連結狀態、利他狀態、信任狀態、專注、放鬆、創造力等狀態。

在不同情境裡，狀態可以產生許多反應。譬如信念是一種狀態，而不是一種情緒。個人可以有意識地創造信念，但是信念通常是在團體裡或是一個崇拜的地方（像是教堂）被強化。一個驚喜或是驚奇的狀態，經常是因大自然的美麗而被誘發，在孤單的情境裡就比較難。連結是一種人際關係的狀態；自我連結則有另一種意義。當我寫作時，我處於一種具有創造力的狀態，而當我身在某種特定情境裡，我會更容易進入這種狀態，對我而言，這意味著我處在單獨而且舒服的情境裡。專注力或是專心聚焦可以在許多情境中獲得，包括單獨的情境。

狀態和情緒在人際關係裡有特定功能。社會性的團體合作在動物的生存適應上是至關重要。譬如對很多哺乳類動物而言，獵捕行動最好是團隊合作進行；養育後代也是需要團隊合作。

人類的狀態通常是透過喚醒式體驗誘發出來，而不是由邏輯演算產生。快樂是一種存在於世界上的方式，而不是一個簡單的方程式運算。有些啟發式方法可能幫得上忙。跟你心愛的人相處一段時間可以讓你感受到快樂。花些時間想想你要感謝的人，也會帶來快樂。保持信念、維持友情、感受人生的成就感，以及思考你的目標，想想如何幫助別人，都可以產生快樂的狀態。這些方式都是些簡單的假設，而不是科學方程式。

當人們困在一個糟糕的狀態裡，他們可能需要尋求治療。一個外來刺激通常會誘發一個狀態改變，比個人的單獨努力來得更有效。催眠基本上就是一個改變狀態的過程。

催眠是一種隱喻

作為一個臨床心理學家，我治療個案所帶來的具體問題。一種常見的問題是，個案經常處於糟糕的狀態，而我的工作是幫助他們進入更好的狀態——更好的狀態可以幫助個案更輕易地挖掘多樣化的內在資源，來面對其獨特處境。我經常使用的工具是催眠，在催眠這個議題上我有許多的學術研究文獻和演講。

催眠經常用於改變狀態。個案尋求治療因為他們困在問題狀態裡。我提供催眠，當個案回應時，這證明了：「你可以改變你的狀態。」

當我進行催眠引導，便是一個機會、一個邀請，用來喚醒個案的深刻體驗……不是我的個人理解，而是個案的體驗，她如何讓自己進入催眠狀態裡。為了做到這一點——幫助個案從一個狀態切換到另一個狀態——需要用喚醒的方式，而不是知識教導。我無法只是說「一、二、三，進入催眠」，然後預期個案就會照做。我需要做催眠引導，這是一種喚醒式經驗。一開始，一個催眠引導誘發一種狀態，這聽起來很複雜，但是其實我們都曾經這樣做過催眠引導。譬如，我們探討一下幽默的狀態。

如果你想要某人開懷大笑，或是進入一種幽默狀態，你需要做些事情來喚醒幽默，例如說個笑話。說笑話就是一個催眠引導，幫助個人從一個嚴肅的狀態進入一種較輕鬆的狀態。不論我們是否認出這一點，人們經常都會幫助別人進入一種較好的狀態。然而，催眠治療師是這方面的專家，創造一個切換，進入一種「中立」狀態，像是催眠狀態，這就提供一個基礎，讓個案從糟糕狀態進入較好狀態。

人們經常有個誤解，以為催眠就是一種工具，植入正向建議，移除負面想法。我則把催眠看成是一個隱喻，用來強化深刻意義。當我做了催眠引導，個案有所反應時，我就創造了一個改變狀態的參考體驗。這個參考體驗可能對個案非常重要，有個正向、滾雪球般的效應，即便個案可能沒有意識到這一點。一個狀態的改變，可以造成另一個狀態跟著改變。

不是所有的催眠都一樣

對於敏銳的治療師，催眠引導可以是一個治療隱喻，同時也是一個指標，幫助治療師實現一個目標，創造更好的狀態。然而，這跟傳統催眠互相抵觸。在傳統催眠裡，催眠引導是用來誘發催眠狀態的，跟治療目標無關。不論個案帶來的問題是什麼，傳統催眠師會用一個催眠腳本，其重點內容是放鬆暗示、聚焦專注力。傳統催眠師堅信，一旦個案進入催眠狀態裡，個案就會乖乖接受催眠師的暗示。

一個傳統的內在圖像催眠引導包括了：一開始運用被動語句，詳細地描述細節，然後描述你現在正在沙灘上散步的體驗。在內在圖像催眠引導裡，催眠師會強化描述感官的細節。例如「閉上你的眼睛，想像風和日麗的一天，你現在正走在沙灘上，你會感受到溫暖的空氣，涼爽的微風吹拂過，然後你會很高興地發現，你可以毫不費力氣地放鬆，帶著自信漂浮在海浪上……你可能會驚訝地發現在那個沙灘上，看見某些出乎意料之外的事物……」。

再次強調，不論個案提出的是什麼問題，傳統催眠師都提供這樣的催眠引導。（催眠引導的基礎元素通常包括細節的描述、多

樣可能性的描述、用現在語法，參考本系列作品第一部《催眠引導》，2014。）然而，一個量身訂做的催眠引導，就像是一個隱喻，會喚醒個案的內在力量和資源，這會引導到一個答案。譬如對於一個膽小的個案，我們提供的催眠引導可能是，穿越過一個複雜的迷宮，面對一些障礙。我們的概念是，要在催眠引導裡誘發一個美好狀態。催眠引導可以在雙重層面上運作：可以誘發催眠狀態，同時提供心理治療。因此，催眠引導可以是一種治療方法，而不是僅僅用來誘發催眠狀態。如果我們可以用一個隱喻，或是故事來禮物包裝（gift-wrapped，編按：可參考《經驗式治療藝術》）治療過程，我們也可以運用催眠引導來禮物包裝治療過程。

在傳統催眠裡，一個「挑戰性暗示」通常會加在催眠引導和治療之間。例如在催眠引導之後，催眠師會暗示個案他無法睜開眼睛，或是暗示他的手臂像鋼鐵一般，無法彎曲。在傳統催眠裡，挑戰性暗示會誘發一個催眠現象，這證明了個案進入更深的催眠狀態裡，證明了個案可以被催眠，證明給個案看，個案內在的無意識有多強大。然而，催眠現象可以當作治療過程中的一種資源來運用。（參考《催眠引導》這本書，關於催眠現象的複雜角色解釋。）艾瑞克森把催眠現象視為一個說服元素，這些說服元素有隱喻的效果。他會運用催眠現象來強化治療過程，這會喚醒個案內在，體驗獨特感受，產生有效狀態。

在為了創造雙重層面的進階催眠引導中，治療師必須進入一種喚醒式狀態，如此一來，個案不僅僅是對語言內容有反應，也對隱藏的意義有反應。改變狀態不僅僅是個案的特權，治療師也可以改變自身的狀態。事實上，所有厲害的溝通者可以輕易進入一種溝通

狀態，為溝通結果帶來重大影響。

治療師的狀態

　　成為隱喻式風格（強化式風格）是溝通者可以獲取的一種狀態。當遇到一個情境，要求你處於喚醒式狀態，而不是知識教導狀態，你可以轉化自己，進入一種說隱喻的狀態。從說隱喻狀態裡，你可以發展出其他喚醒式溝通方法。

　　我們來探討一下治療師的狀態。心理治療經常談論到學術研究、理論以及治療技巧。心理治療的起點可以從關注治療師狀態開始。我們研究一下不同的心理治療學派。精神分析學派要求治療師保持一種中立、固定的狀態，治療師坐在個案的正後方，然後個案把個人過去歷史（稱之為「移情」）自由地說出來，投射出來，然後被分析。在傳統精神分析裡，治療師會避免把自己的狀態（稱之為「反移情」）投射在個案身上，因為反移情會阻礙治療的過程和結果。一個人本主義治療師會處於「我─你」（I-Thou）狀態；一個艾瑞克森學派治療師會處於一種順勢而為的狀態，諸如此類。治療師所處的自身狀態是治療技巧的起始點。這也適用於治療關係之外的溝通模式。溝通者所處的狀態對於決定治療方法和治療結果至關重要。

米爾頓‧艾瑞克森醫師（Milton Erickson, M.D.）

　　許多讀者知道我在 1973 年成為艾瑞克森的學生。你們可能在我之前的書籍裡讀到這一點。然而，我還是在這本書中提到這部分，因為他深刻地影響了我的人生故事，當我再次述說這故事時，

某些新東西可能浮現。我在艾瑞克森身邊所學到的東西，至今日還在持續學習中。

艾瑞克森是當代催眠之父，直到今日，我們依然認為艾瑞克森是歷史上最偉大的心理治療大師之一。我在 1978 年搬到鳳凰城居住，這讓我可以與艾瑞克森更親近。如果沒有艾瑞克森，我難以想像今日的我會是如何樣貌。當我二十六歲認識他時，我已經是一名有執照的治療師。在我與艾瑞克森相處的時光裡，不論是個人治療或是團體治療，我從未看他教導知識和訊息。相反地，他的教導永遠是經驗式方法。艾瑞克森持續帶給我許多獨特體驗，所以我可以學習轉化不同狀態。因為有這些經驗，我不僅成為一個更好的治療師，也成為一個更好的人。艾瑞克森經常處於一種「引導導向」的狀態，這是隱喻狀態的次要狀態。一個隱喻會將個案引導導向一個獨特體驗，同時也是引導導向狀態的次要狀態。

在人際關係上，艾瑞克森是一個概念式、經驗式的溝通者。他的目標是誘發個人獨特體驗，刺激良好狀態和正向認同的產生。艾瑞克森也是很棒的作家，他寫作風格是專注細節，提供很多訊息。但是在人際關係上，他總是運用經驗式溝通。

我一開始去拜訪艾瑞克森時，我以為他會教導我很多知識，譬如如何熟練困惑技巧或是多層次溝通技巧，或是其他艾瑞克森舉世聞名的技巧。我也以為他會精準地對我解釋如何做催眠眠引導。然而我很驚訝地發現，他完全不做這些知識教導。相反地，他總是用經驗式的方式教導我，告訴我許多故事、隱喻、任務、遊戲，甚至是詩詞朗誦。他的風格令我感到困惑、不知所措，因為我過去的老師總是教導我技巧、方法、知識，要我熟背於心。艾瑞克森從來不

要我背東西。

在我的近身觀察裡，艾瑞克森總是用經驗式方法與他的朋友、家人甚至送信的郵差溝通。再次強調，艾瑞克森的寫作風格是教條式知識傳遞；但是在日常活裡，他是以經驗式風格與人溝通。當他在教學生、在做治療時，他是全然經驗式風格的。

有一次，我住在艾瑞克森家中的客房裡，當我把衣服掛起來時，我發現了一整箱老式錄音帶，是他在 1950 年代的演講錄音帶。我問艾瑞克森我是否可以把這些老式錄音帶轉檔，這樣就可以更好保存這些演講錄音，他同意了。

這些是他在 1950 和 1960 年代對一群醫學專家和醫師所做的演講，這些專家聽他演講，學習催眠治療。當時，臨床心理學、心理諮商和社工體系都處於起步階段。

然後，我聽了其中一個錄音帶，艾瑞克森用一種不尋常的催眠聲調、節奏、速度演講。他一開始時說（我會用他的口氣說話）：「……催眠……催眠是一種我們知道，也需要被理解的事……現在……催眠是一種需要被體驗的事，任何人都可以愉悅地體驗催眠。然後，古老的埃及睡眠神廟裡他們已經知道催眠……在更早之前……」說實話，這個錄音真是非常無聊、冗長的單調口氣。

我詢問艾瑞克森關於演講錄音帶這件事，告訴他我必須承認，這個錄音帶聽起來很像是一個冗長的催眠引導。艾瑞克森告訴我，「喔，薩德，我從來沒有回聽過這些演講錄音帶。我不教導內容。我的教導是用來喚醒潛力。」直到今日，我依然對他的回答肅然起敬。他的教導是用來誘發良好狀態，而不是教導知識！對我而言，這是撼天動地的回答，畢竟為了得到我的大學學位，我必須熟記住

在美國歐札克高原的五種特有火蜥蜴學科名稱。為了得到博士學位，我必須熟記人體眼球內適應黑暗的流明數量。但是艾瑞克森卻在教導如何誘發狀態。在心理治療裡，他經常致力於誘發美好狀態。

艾瑞克森總是讓他的同儕目瞪口呆。他們無法了解艾瑞克森在做什麼。但如果我們把他所做的治療拿來跟藝術相比，這就完全合理了。所有的藝術都是喚醒式溝通。藝術會引導人們接近一種獨特體驗。藝術創作的目的不是傳遞知識，不是教導知識。你看電影的目的不是為了獲得知識（除非是看紀錄片）。你看電影是想要獲得獨特體驗——改變你的狀態。你不想要真的被恐龍追逐，但是你不介意在電影裡感受一下好像被迅猛龍追逐的感覺。你看電影，是因為你想感受一下浪漫的愛情，或是假想自己是頂尖間諜。你去聽交響樂或是演唱會，是因為你想要獲得獨特體驗。你閱讀詩篇、小說，是為了獲得新的視野、感受，就算只是短暫片刻。

儘管我們活在體驗式的世界，大部分臨床工作者做治療時總是提供個案知識。艾瑞克森學派的喚醒式治療總是先提供個案獨特體驗，之後再考量是否提供知識。知識可以作為「甜品」，而不是主菜。

舉例來說，我們思考一下，一段婚姻關係，夫妻經常吵架。對某些治療師而言，發現問題的根本非常重要。治療師可能會說，「你們在婚姻關係裡經常爭吵是因為你們困在青少年時期未能成長的行為裡，所以你們才會經常爭吵」。另一個不同學派的治療師可能教導溫和的溝通方式。一個艾瑞克森學派的治療師可能提供一個象徵性的「參考經驗」，治療師可能要求這對夫妻每次吵架時都擺

出一個小孩子的姿勢（不用過多解釋為什麼這樣做）。治療目標可能是讓這兩人誇張地體驗到爭吵問題的隱藏面向，如此一來他們可能自動地切換到成人成熟的狀態。這樣的參考經驗就會誘發一種和諧一致狀態；誘發出正向狀態，以及有效益身分認同。

▌心理治療裡的經驗式方法

所有心理治療學派都有經驗式元素。例如理情療法（REBT）有經驗式元素，認知行為療法（CBT）也有經驗式元素，但是這兩個學派都聚焦在修正無效、不合理的信念。譬如在理情療法裡，治療師運用 ABC 模式：「A」是起始事件；「B」是根本未被檢視的信念；「C」是結果。如果個案的「A」事件是因為老闆對待他不公平而感到生氣，他想著他的「C」，生氣，是一個結果。理情治療師會證明給個案看，他的「A」並不會造成「C」。相反地，「B」，個案的不合理信念是人們都必須被公平對待，是造成生氣的原因。然而，ABC 模式可以延伸成為 ABCDE 治療方法，「D」是推翻不合理的信念，「E」是在體驗上喚醒深刻感受，用來產生有效改變。「E」可以是運用想像力，也可以是唱一首歌。阿爾伯特·艾利斯（Albert Ellis），理情療法的創始人，最著名的治療方法是運用歌曲。在認知行為療法和理情療法的培訓上是使用教條式教導。這樣的培訓包括了理論、知識、方法和學術研究。

跟艾瑞克森學習就像是跟在禪宗大師身邊一樣。一個禪宗大師不會運用知識、學術研究或是邏輯推算。相反地，禪宗大師會給學生一個公案，一個無法解開的謎題。譬如禪宗大師可能會問：「用一隻手鼓掌的聲音聽起來如何？」透過冥想公案，學生們避免用頭

腦分析，直接進入開悟狀態，畢竟個人是無法運用頭腦地圖來達到開悟的。個人無法透過劃重點的方式來達到開悟。個人透過生命存在的歷程達到開悟。隱喻就像是公案，我們不能照字面上的意義來理解，相反地，隱喻幫助人們進入獨特的美好體驗。

我們在日常生活裡會遇到很多隱喻的例子，治療師不見得需要思考如何策略性運用隱喻來誘發個案的獨特體驗。

在心理治療裡，如果個案沒有心理知識，那治療就很簡單，提供知識就好。譬如治療師可能需要向個案解釋一個堅定的行為、一個強勢的行為和一個被動的行為之間的差異。堅定的態度是一種狀態，我們需要認出特定狀態的特質，找到方法去誘發。如果治療師想要個案處於靈活彈性的狀態，治療師本身也需要保持在一種靈活彈性的狀態，因此，個案可以從治療師身上學習到靈活彈性。

治療師可以運用個人心錨來轉化自身狀態——用一些小動作來切換進入不同狀態，對個案產生幫助。我想到一部百老匯秀，劇名叫《我是我自己的妻子》（ *I Am My Own Wife* ）。一個男演員扮演超過十二個不同角色，在不同角色裡，他與不同的自我角色對話。在一個角色裡，他是軍人；在另一個角色裡，他是小孩子；在另一個角色裡，他是女人。他必須透過切換不同狀態，很快速地進入不同角色。在我看來，他是運用了一些心錨，透過行為上的小動作作為暗示，幫助他切換進入不同角色。譬如他的頭會傾斜一個特定角度，用來變成女人角色。為了扮演軍人角色，他筆直地坐著。治療師可以找到個人獨特的小動作，幫助自己進入一個更有效的狀態。在本書後面章節，關於心錨有更詳盡的描述。

順勢而為的狀態

艾瑞克森經常讓自己處於順勢而為的狀態裡，他是策略性的、引導導向的，也擅長運用隱喻，這些治療師狀態彼此交互運作。自從我遇見艾瑞克森之後，我就致力於學習順勢而為狀態，不論是在治療師專業領域上，或是個人生活上。

順勢而為，指的是治療師處於一種準備好的狀態，對於治療過程中所出現的任何事物都能順勢正向運用。這跟心理問題是相反的，很多時候心理問題被認為是有所限制的，個案總是認為他／她無法改變。

治療師可以順勢運用個案的價值觀，包括他們對於社會系統的價值觀，對於治療情境的價值觀，對於個人生活的價值觀，以及對於心理問題的價值觀。我曾經跟一個家庭工作，一個小女孩會扯下自己的頭髮。小女孩和姊姊抱怨說，他們的媽媽會不分青紅皂白地叫罵，媽媽也同意她自己有時候對小孩吼叫太多。我給了一個處方，告訴小女孩每個星期她可以扯下某個數量的頭髮，但是如果超過特定數量的話，她媽媽可以對女兒吼叫。我給了另一個處方，根據小女孩的標準，如果媽媽過度吼叫了，她可以扯下三根頭髮。我把扯頭髮這個問題假設成為一個「遊戲」，我提供一個治療方法，以改變遊戲規則。

當治療師處於順勢而為的狀態時，通常隨之而來的是說隱喻的狀態。（另一種狀態——策略性治療—也可能出現，我們之後會更多探討。）很多治療師會詮釋象徵意義，但是艾瑞克森學派治療師會順勢而為轉化問題模式。例如如果個案抱怨背痛，傳統治療師可能會問：「誰在你背後？」然而，艾瑞克森學派治療師會找到

方法運用病症，或許避免衝突。艾瑞克森講過一個案例給傑・海利（Jay Haley, 1985）聽，一個女士無法忍受她公公婆婆經常來拜訪，因此發展成身體上的胃潰瘍。這位女士在其他社交狀況都沒這問題。艾瑞克森告訴這位女士，她的公公婆婆所造成的胃潰瘍其實是很有幫助的。他告訴她，「如果妳在他們來拜訪你時嘔吐了，他們無法期待你必須要去拖地板。」透過嘔吐這個病症，她可以有效控制她公公婆婆來拜訪的次數。

在 1965 年，艾瑞克森對於順勢而為這個方法給了一個結論：

治療師希望幫助他們的個案，永遠不對個案謾罵、不去指責個案、不去拒絕個案的所有行為，因為這樣做可能阻礙治療過程，是不合理的，甚至可能是不對的。個案帶進治療室裡的行為也是問題的一部分。個案的行為創造了一個獨特環境，他們認為治療一定會在其中發生。這樣的信念可能成為治療師和個案關係的根本動力。因此，不論個案帶進治療室裡的是什麼，這既是他們自身的一部分，也是他們所帶來的問題的一部分。治療師帶著好奇的眼神來看待個案，欣賞他們所帶來的一切事物。如此一來，治療師不會自我限制，不會只讚美好的、合理的部分，而是會同等看待所有的可能性，作為治療的基礎。有時候，很多時候，只有當治療師順勢而為地運用愚蠢、詭異、不合理、自相矛盾的方法，治療過程才建立在一個健全基礎上。治療過程不需要治療師的無聊自尊，需要治療師專業順勢而為的能力。

艾瑞克森的順勢而為：案例一

　　第一個案例講到一個商人因為他的強迫行為住院接受治療；這個男人無法停止上下擺動他的手臂。當時，這個商人在生意上面臨有很多的動盪起落，個人生活也是如此，傳統治療師可能會將商人的病症詮釋是一種象徵——他在生活裡所面對的動盪不安透過生理病症呈現。這樣的觀點認為，瞭解根本問題意義，會幫助產生改變。但是如果我們仔細思考：有多少時候，改變是透過瞭解產生？在大多數情緒困境裡，瞭解根本意義沒有療效。

　　因此，艾瑞克森如何治療這個商人的強迫行為呢？艾瑞克森進入一種順勢而為狀態，創造一系列策略性步驟，進而創造一個戲劇。首先，他對這個男人做了個催眠，讓他的手臂擺動更快速。好玩的是，當問題的固定模式被改變時，心理治療就產生療效，即便這個改變是朝更糟糕方向前進。事實上，強化問題行為，可能是解決問題的墊腳石。一個小改變可以鬆動那個緊鎖模式，鬆動那個壓垮個案的問題模式，為有效改變鋪路。

　　艾瑞克森讓這個男人的手臂斜對角地擺動，透過一系列的小步驟，讓這個斜對角的角度逐漸變小。最終，艾瑞克森讓這個男人的手臂水平地擺動，但是這男人還是無法停止他的手臂擺動。艾瑞克森接著帶這個男人去醫院的木工商店，買了砂紙，把砂紙放在男人手中。然後，這個男人就開始在一根木頭磨砂，使木頭光滑。這樣的例子很常見，當處在順勢而為的狀態裡，一個敏銳的治療師會在問題裡找到優點（Zeig, 1992）。有時候我們可以運用個案帶來問題的隱喻方式，創造正向改變。

艾瑞克森的順勢而為：案例二

艾瑞克森參與在另一個治療案例裡，有個住院的思覺失調病人自稱自己是耶穌基督，試著說服醫院所有人去信基督教。其他醫生都不願意幫助這個病人，便把這他推給艾瑞克森處理。艾瑞克森問這個病人他是否有當木工的經驗。這個病人說：「是的，吾兒」。艾瑞克森接著問：「先生，那你是否願意幫忙醫院的木工工程？」這個病人回答：「是的，吾兒。」艾瑞克森陪這個病人走到醫院木工部門，讓他做些木工工作。在這個案例裡，艾瑞克森運用了一個隱喻，耶穌基督早年的生活是一個木工。

艾瑞克森的順勢而為：案例三

一個二十一歲的辦公室秘書來尋求治療，因為她覺得自己「太糟糕了」，不想活了。她給自己三個月的時間去尋求幫助，如果沒人幫得了她，那她就要自殺。她給自己寫出來的糟糕清單上第一條是，她的前排牙齒有個「巨大」的牙縫。她可以稍微接受自己其他的不完美，但是這個「非常醜陋」的牙縫讓她覺得人生沒有希望。她看了艾瑞克森幾次，非常不配合治療，艾瑞克森發現她很喜歡一個男同事。他們經常會在辦公室的飲水機巧遇，但是從來沒有說過話。

艾瑞克森一開始幫助這個秘書改善她的外表，建議她調整自己穿著的樣貌。艾瑞克森也給了她一個功課，要她練習喝一口水，從牙縫中把水噴射出去，直到她可以精準地把口中的水柱射到某個物件上。最終，艾瑞克森要這個秘書穿著好看的衣服，在飲水機旁邊偷偷等待這個男生。艾瑞克森建議她對這個男生開個無傷大雅的

小玩笑，事先含一口水在嘴中，等他到飲水機喝水時，從牙縫中朝男生身上噴射一口水。然後，艾瑞克森暗示這秘書必須癡癡笑著，快跑離開。這個秘書就照做了，然後她很驚喜地發現，這個男人追著她跑，當他追上她時，他親吻了她。隔天，當他們兩人又在飲水機相遇時，這個男生用一隻水槍噴秘書一身水。她含了一口水在嘴中，噴了這男生一身水報復。然後，他們又親吻了。這對情侶一起去吃晚餐，幾個月後，他們訂婚了，最終結婚了，生了小孩。（Erickson, 1955）。

艾瑞克森的順勢而為：案例四

有個學生找艾瑞克森做督導，這個案例是艾瑞克森如何回應這個學生。我在艾瑞克森基金會的資料庫裡找到這個文件，它是一個逐字稿。漢斯（Hans），這個學生對艾瑞克森說：

漢斯：我看一個女士，她跟老公一起來做治療。她有脊柱側彎，她的背很彎曲，導致她看起來很嬌小，如果不是這個疾病，她可能會看起來高大一些。除此之外，她其實是個很漂亮的女生。但是這對夫妻有個共同問題：老公對老婆再也提不起性趣。老公說這跟她的脊柱側彎沒有關係，但是我依然覺得這有相關連。老公只是不想朝那個方向思考而已，老婆經常陷入憂鬱，因為她覺得是因為自己的脊柱側彎造成老公再也不喜歡她了——他再也不認為她是個女人了。

艾瑞克森：現在，我對這個太太會有一個提問：「女士，你難

道不知道所有男人都對曲線感興趣嗎？」如果這個女士有個額外的曲線……我會告訴這個老公：「你想要什麼——一個平板沒有曲線的樣貌嗎？作為一個男人，你應該學習享受所有的曲線。」把老公當作一個被告者，當他承認他喜歡曲線，他看老婆的脊柱側彎就會有一個全新的觀點。

▎艾瑞克森的順勢而為：案例五

我最喜歡的案例（也是一個較複雜的順勢而為案例）是艾瑞克森與一個酗酒女士以及她老公做的治療（Haley, 1985b）。這個老婆週末的時候會整理花園，她會把威士忌酒藏在花園裡，所以她可以一邊整理花園一邊偷偷喝酒。她的老公質問她、勸導她，也批評她，告訴她說，她的「小小嗜好」對她的身體健康很不好，對他們的關係也有不好影響，但是老婆屢勸不聽，持續偷偷酗酒。

在治療過程裡，艾瑞克森發現老婆對老公也有抱怨。她說老公有個不良嗜好：他整個週末都坐著不動，閱讀一些老舊且覆滿灰塵的書籍、雜誌和報紙。她質問他、勸導他、批評他這個壞習慣，告訴他說，這個壞習慣對他的身體健康很不好，對他們的關係也有不好影響，但是他還是屢勸不聽。在治療過程中，艾瑞克森知道他們兩人都很討厭釣魚。然後，他建議夫妻兩人去露營。

一個傳統心理治療取向的治療師關於這個案例會怎麼做呢？她可能會按照教科書上說的指導這對夫妻嗎？是否告訴他們在溝通時，要用「我」開頭的陳述句，而不是用「你」開頭的陳述句？解釋給他們聽，他們其實是處於一種互相傷害的惡性循環裡？還是他

們把自己的青少年時期幼稚的行為帶進成人生活裡？艾瑞克森不會這樣做。相反地，艾瑞克森告訴老婆，不要把酒瓶藏在花園裡，要藏在屋子裡。當老公下班時，老公要設法找到這些隱藏的酒瓶。如果一個小時內老公找不到酒瓶，老婆有權利可以在屋子裡把酒喝掉，而且老公不能責備她。

這個治療方法很類似於強化個人的強迫行為。根本的原則是一樣的：開始對你的病症有更多掌控，把這個病症變成一個遊戲（某種程度上，這對夫妻的互動過程是一個「遊戲」）。改變糟糕行為的一個元素，在這個基礎上繼續構建，直到產生更好結局。

然後，這個女士很喜歡艾瑞克森提出的建議，她找到一個地方去藏好她的酒，沒有任何人可以在一小時內找到。然而，幾天之後，她對這個遊戲失去興趣了。這對夫妻又回來見艾瑞克森。他反堅持下指令叫他們夫妻倆去「釣魚」。夫妻兩人對艾瑞克森抗議，不停提醒艾瑞克森他們兩人有多麼痛恨釣魚這件事，但是艾瑞克森回答說：「對我來說，這是唯一合理的治療方法。如果你們兩人在釣魚船上，就沒有任何地方可以藏酒或是藏舊報紙、舊書、舊雜誌了。這是最適合你們兩人的治療方法了。」

那這對夫妻怎麼做呢？他們做他們自己所熟知的方法，也就是屢勸不聽。但是這一次他們的屢勸不聽是針對艾瑞克森的建議回應，而不是過去互相攻擊的方式。他們去露營。在露營的過程裡，他們發現他們很喜歡一起探索亞利桑那州的風景。結果就是，他們放棄了他們的「小小壞習慣」，自動自發地進入一種合作的更高境界。

有效改變並不見得是透過意識的洞見而發生。我們對於情境、

環境因素、其他社會生理情境的潛在過程都會產生微妙反應。當治療師處於一種順勢而為的狀態，正向經驗指令就能夠產生療效。

順勢而為是治療師可以進入的一種狀態，幫助治療過程；這不是一種技巧。在前面幾個案例裡，艾瑞克森進入順勢而為的狀態，而在治療過程中所產生的治療方法是透過他的順勢而為狀態產生。

有些同儕假設說艾瑞克森是對「個案的無意識」說話，但這個假設是錯的。艾瑞克森用了一種不尋常的溝通，是傳統心理治療不會使用的。他運用社交情境和雙關語來改變人們的行為模式。他並不會運用意識洞察來作為有效心理治療的基礎。他認為治療師花太多時間來解釋他們的行為有什麼意義給個案聽。如果個案有足夠的智慧說一件事，然後暗指另一件事，那治療師也要有同等的智慧，做同樣的多層次溝通。以下是一個假設（有點諷刺意味）案例。

心理治療詮釋的根本結構

溝通是一種多層次的框架，包括了溝通的表面談話內容以及實際深度意義。有知識的層次，也有體驗的層次。心理治療的理論學家專注在意義的特定層面。有些聚焦在情緒，有些聚焦在過去歷史，有些聚焦在感知上。以下就是一個假設案例，呈現不同的治療學派如何聚焦在意義的不同層面上。

如果一個人去找羅傑斯學派（Rogerian，人本學派）的治療師，跟治療師說：「這真是美好的一天。」治療師可能說，「喔，你今天感覺很美好。」治療師知道不論談話內容是什麼，有一個根本的情感層面表達。如果治療師把這個根本的情感感受帶到表面，讓個案在言語上感受到同理，那麼這個感受就變成一個重要因素，

可以刺激個案成長和改變。

　　但是，如果個案去找精神分析治療師，然後說：「這真是美好的一天。」精神分析師可能會說：「我很好奇你為什麼說話的方式好像我們很熟。你可能把我跟你以前熟悉的人搞混了。你可能把我跟你父親搞混了。」治療師知道在表面溝通之下，有個移情的層面存在，如果把移情這件事帶到表面來，可以產生成功療效。

　　如果個案去找認知行為治療師，說：「這真是美好的一天。」治療師可能會問：「你為什麼這樣說？有什麼證據支持你相信這個說法？」認知行為治療師對於思考框架和信念系統感興趣，他們好奇是什麼東西創造了負面念頭，阻礙了個人的成功和快樂。

　　現在，如果個案去找完形治療師，說：「這真是美好的一天。」然後，這個完形治療師可能說：「想像把這完美的一天放在你眼前這張空椅子上。現在，坐到那張椅子上，從完美的一天的角度跟自己說話。」完形治療師知道如果人們進入自己的投射裡，活在當下，治療結果會比較好。

　　但是如果個案去找艾瑞克森學派治療師，說：「這真是美好的一天。」艾瑞克森學派治療師可能說：「這真是美好的一天。在此當下，你可以做個深呼吸，閉上眼睛，感受……感受你的身體……在身體裡覺察到，這真是美好的一天。當你這樣做，你會有些畫面浮現，一個美好一天的畫面。我不知道這些畫面可以如何改變，不知道它們可以如何發展，不知道這些畫面如何在你心裡慢慢成熟，因為這些畫面可以引導到一些回憶──你可以有些精彩豐富的回憶。你可能回想起小時候，你在外面，看著天上的雲，想像雲朵變幻莫測的形狀，美好的一天。或許，此時此刻，你看到形狀、面

孔,或是動物。有個很棒的感覺,可能是難以言喻的。然而,你可以記住身體的感覺,記住這個經驗。就像你可以毫不費力地回想過去,『這真是美好的一天,』你也可以熱切地展望未來。你知道一種體驗,如何開車回家。要回家,你要找到車鑰匙,把鑰匙放進鑰匙孔,啟動引擎,當你這樣做時,突然間,你內心裡充滿了一種持續的感覺,這真是美好的一天。你不需要持續瞭解這感覺,有趣的是,你可以用你自己的方式去體驗獨特感受。」

個案可能會想:「哇,我說了什麼,導致了這麼棒的體驗?」

治療師運用喚醒式溝通創造一個現實體驗;順勢運用當下存在的所有元素,創造一個平行溝通——一個轉化式的隱喻體驗。在治療的溝通裡,治療師順勢運用常見的東西來做治療,譬如開車。

當我在 1970 年代開始跟艾瑞克森學習,我對他如何掌握順勢而為的能力感到目瞪口呆,對於他如何順勢運用治療情境裡任何東西、所有東西,感到不可思議。艾瑞克森甚至會順勢運用他的殘障協助繩、他的輪椅、他的拐杖,這些是他小兒麻痺之後每日所需的用具。譬如有一次,他把某個個案對別人的無意識憤怒轉移到艾瑞克森的拐杖上面。打從我開始跟艾瑞克森學習,我就決定要鍛鍊我順勢而為的能力。在治療過程中,順勢而為是快樂結局的先鋒,在生活裡也是。心理治療裡沒有問題,只是有些等著我們去順勢運用的挑戰。

當個案尋求治療時,他們通常處於問題狀態。當我要見個案時,我立即進入順勢而為的狀態。當治療師進入順勢而為狀態,第一個體驗性的切換就發生了,治療師準備好運用個案帶來的所有事物來增強催眠效果(如果催眠是治療的元素之一)或是治療效果。

當我進行催眠時，我鍛鍊自己進入順勢而為狀態。就算是最傳統的催眠師也會用順勢而為技巧，他可能說，「你每做一個呼吸，就會進入更深催眠。你聽到的每個聲音，都會讓你進入更深的催眠。」這些暗示話語是順勢而為的初級形式。

我也鍛鍊自己成為經驗式溝通者，是說隱喻的、策略性的，同時是引導導向的，運用強化訊息的溝通管道，獲得一種多層次溝通的結果。艾瑞克森的大師功力在於自由進入以上這些狀態，這些狀態經常相互交疊。我們同時也記得，這些狀態是從治療師自身的狀態衍生而來。為了掌握治療師自身狀態，我可能給自己一個心錨，幫助自己更快進入這些狀態。

我錄製了一段 Youtube 影片。在其中，我做一個練習幫助自己進入順勢而為狀態（請參考我在南加州大學的影片大全）。我運用不同的心錨進入順勢而為狀態，包括了強化聚焦、運用對稱的手勢，進入一種喚醒的狀態。這些方法，以及其他小方法都可以幫我進入順勢而為的狀態。

▎重新檢視喚醒式溝通：喚醒溝通的藝術

我們記得，溝通可以同時是傳遞知識以及喚醒體驗的。如果你是一個木匠，你說：「這裡有些有用的工具，」你有特定意義。如果你是童子軍，說同樣的話，你的意思是不一樣的。如果你的興趣是雕刻木頭，你會有個全然不同的意義。我們持續創造並理解喚醒式溝通的不同層次。有個提問是：當我們的目標是誘發一種狀態，我們如何在心理治療以及個人溝通裡運用喚醒式溝通？我們可以在藝術裡找到答案。

藝術是一種喚醒式溝通。當畢加索（Picasso）畫出絕世偉大作品，《格爾尼卡》（*Guernica*），他應該不是想著「我畫這幅畫，因為我希望觀眾知道戰爭很恐怖。」他畫《格爾尼卡》，因此觀眾可以有個喚醒式體驗，體驗到戰爭的恐怖。

在電影《教父》（*Godfather*）第一集電影結束時，導演柯波拉（Francis Ford Coppola）並沒有明白說出邁克·柯里昂（Michael Corleone），新教父是一個偽君子。相反地，導演運用了混淆的場景，教父柯里昂參加小孩子的受洗典禮，混雜著許多暴力的殺人場景，教父對他的敵人們殘酷報復。這些極度對立的電影場景目的很明顯，導演也不需要對於柯里昂的個性多作解釋了。

當弗羅斯特（Robert Frost）寫詩時，是為了喚醒獨特體驗，而他所用的工具就只是紙和筆。在弗羅斯特的詩作〈我窗口的樹〉，他開始時寫道：「我窗口的樹，窗口樹，當夜晚降臨時，我的窗框低下……」窗框？他是說窗戶陰影嗎？「但是，在你我之間，永遠沒有窗簾阻隔……模糊地，夢幻般的頭從地板上升起，擴散到雲端……」一棵樹跟一朵雲相比較？這個隱喻對讀者而言有什麼意義呢？「不是你所有輕盈的舌頭，大聲說出，都帶著奧祕……」輕盈的舌頭？什麼是輕盈的舌頭？喔，是的，他在比喻樹葉。「但是樹啊，我看過你被取下，拋來拋去，如果你在我睡覺時看見我，當我被取走、被掃除、被遺忘、你就有看見我。那一天她把我們的頭靠在一起，命運有關於她的想像，你的頭腦如此擔心外在的事物，你的心智擔心內在，天氣。」

這首優美的詩描述了弗羅斯特的喚醒式體驗，關於看見他窗口的樹，他用一種獨特的口吻描述。弗羅斯特曾經說過，我們應該帶

著喜悅進入詩作，帶著智慧離開。

弗羅斯特、畢加索、柯波拉都以非比尋常的方式運用他們的工具，誘發出一種獨特體驗。治療師也可以這樣做。治療師不需要用口語去溝通一個清楚的訊息；他們可以運用藝術的方法來溝通。他們可以帶著愉悅進入治療，帶著智慧離開治療。

記住，如果你想要誘發一種獨特體驗或狀態，你需要運用一種非比尋常的喚醒式溝通。要瞭解奠基於事實的科學，我們需要詳細清楚的知識溝通。藝術裡的象徵和模糊性，是誘發情緒和其伴隨狀態的根本元素。

喚醒式溝通的語法是有別於知識溝通。我們可以透過藝術的學習來進一步瞭解喚醒式溝通的結構。當我們瞭解藝術的喚醒式溝通語法，我們可以把這個運用在心理治療上（以及任何需要誘發狀態改變的溝通上）。

▌生物邊緣共振溝通

藝術家的溝通，是喚醒式的、概念式的經驗與體驗式的，啟動了古老腦的中心部分，包括生物邊緣共振系統，這個部分被認為是情緒腦的中心。生物邊緣系統包括了杏仁核，這是一個加速器——一個社交、情緒反應的大腦中心，遇到事情時會自動反應，逃跑、戰鬥、凍結、退縮、躲藏、依附或連結。有些人像老鼠，遇到事情就立刻逃跑。有些人像獅子，當遇到挑戰，就立刻戰鬥。有些人像負鼠，當遇到事情就退縮、裝死。烏龜會躲進龜殼裡，小無尾熊會依附在媽媽身上，牛羊會群聚一起，彼此連結。當受到驚嚇時，大部分動物通常會立刻逃跑。

邊緣系統是附隨反應的中心，會像機器人一般被啟動。動物會運用邊緣共振溝通，他們的溝通不需要透過意識理解。一群魚、一群牛羊；蜜蜂會建立蜂巢、蜂群——這些都不需要意識溝通。他們有生物本能，一種本能反應。

　　人類也有本能反應，人類的問題也有個本能反應結果，我們稱為「事物自然發生」。我們思考一下，情感的、行為的、關係的問題——個案說自己沒有決斷力；問題「自然發生」。個案通常會強調問題的自發性：「我走進一架飛機裡，然後我就驚慌了。」或者，「食物盤子空了，但我不記得我有吃東西。」或者，「他只是談到要去度假，我就突然很生氣。」

　　人類的問題本質上不是認知邏輯的。我們不會思考進入問題的方法。一個聯想的網絡驅動我們，認知功能在此只扮演小角色。聯想網絡還包括了回憶、感知、認知、行為、關係、情境因素以及感覺。奠基於我們人類生理發展的基礎上，這個聯想網絡驅動了社交和環境的反應。

　　意識是建構在邊緣共振的基礎上，而人類問題通常是從那個基礎裡出現。如果問題可以透過邏輯思考直接解決，那人們就不需要治療師了。個案可以直接去找朋友獲得知識，或是買本自我療癒的書來看，就沒問題了。但是當治療師感受問題是在邊緣共振的層面上，喚醒式的生物邊緣共振溝通就成為合理的做法了。

　　這本書的重點是，當治療目標是改變個案狀態，我們應該策略性地運用生物邊緣共振溝通——奠基於我們生物演化的基礎。我經常致力於與個案的生物邊緣共振系統溝通，運用一些方法去觸碰深刻溝通層面。生物邊緣共振溝通運用了平行溝通的連結層次。就像

動物溝通，我運用強化的手勢、姿勢、身體距離、聲調、速度以及說話聲音的方向。因為我研究催眠，奠基於生物邊緣共振原則，我會策略性地運用平行溝通方式。

生物邊緣共振溝通是在多層面上運作，是喚醒式溝通。生物邊緣共振是引導導向的，不僅僅是口語的訊息傳遞。再次強調，這是喚醒式治療的關鍵。我們思考一下，電影製作人如何很大比例地運用音樂、音效來誘發情緒。音樂和音效比文字更有效地誘發情緒。去除掉音樂和音效，電影和電視就變得很無聊了——單調枯燥。治療師可以運用音效來產生療效，用來更好地溝通。譬如，如果個案說「我很憂鬱」，我可能會說：「你的感受是……嗯嗯。」我的目的是在不同層次上溝通。音效通常攜帶一個訊息，描述溝通的深層情緒面向——它是在體驗的層面上溝通，在這層面上語言是不足夠的。相同地，我會運用手勢或是姿勢來溝通同理心。如果個案說「我沒有動力生活」，我可能會回應：「就像是你感覺……」然後我雙手突然掉到大腿上。或是，我可能說，「這就像是你感覺……」然後我整個人塌陷在椅子裡。

強化技巧是用來誘發獨特體驗。譬如，一個良好人際關係的基礎是信任，信任是交互作用，逐漸增強。然而，信任是一種狀態，我們需要一個參考經驗來誘發信任狀態。做一個象徵性的手勢——例如把手放在你的胸口——溝通一種信任的體驗，而不是演講一堂信任課。

在團體治療裡，如果要誘發信任狀態，可能幾個學員站同一邊，一個學員在大家面前背對著站立。從一數到三，那個背向大家的學員向後倒，其他人用手一起支撐著他。大家輪流當體驗者，倒

在大家的支持裡，因此我們可以誘發一種信任感覺，而不需要過度解釋給大家聽。這個練習稱之為「信任跌倒」。另一個變化的做法可能是，團體的幾個成員把一個學員抬起來，高舉過肩，上拋再接住（這可以稱為「信任撐起」）。

當治療師想要誘發信任狀態，最好的方式是創造一個參考經驗。現在，我們並不是總是要避免給建議？並不是這樣，治療師可以先給知識和建議。譬如，如果個案是社交上與別人失去連結，治療師可能說：「我清楚地看到，你的病症是社交退縮，我覺得你需要更多與人接觸。」如果個案能夠做到這一點，那就不需要其他方法了。但是如果一個直接的建議無效，喚醒式溝通可能是有用的選擇。喚醒式溝通是以情緒反應的發生為基礎的。

治療師需要喚醒式訓練，進入治療師的順勢而為狀態，進入引導導向的，以及策略性思考的狀態。治療師也需要被訓練成為喚醒式的溝通者。

▎再次檢視情緒

現在讓我們回到情緒這個主題。在保羅‧艾克曼（Paul Ekman, 2007）的研究裡，情緒是瞬間即逝、內心感受、直覺反應、適應性經驗，有生物演化的歷史背景，同時也受到情境影響。情緒是有方向性的；他們會幫助生物向好的事物靠近，遠離壞的事物。情緒會不停演化，以確保生物存活下去。情緒也會刺激團體成員協力合作，為增進團體的利益而前進。當一隻肉食性動物攻擊一群魚或是一群鳥，他們會馬上分散行動，然後等危機過去再回到隊形裡，就好像是共舞一曲芭蕾舞。情緒是一種固定的行為模式，通常自然形

成，不需要意識參與運作。情緒是自動化過程；不是奠基於有意識的想法。

　　動物不需要有認知或是意識就能夠擁有情緒；在簡單的生物裡，他們會有方向性的內心經驗。但是當我們人類不停進化，事情就變得複雜，直到人類意識的出現。人們自動地展現情緒，他們直覺地產生情緒，並分辨情緒。我們有一連串的感覺，可以幫助決定我們的情緒狀態。感覺是由內在感覺、人際互動以及情境決定的。人類問題很少是由情緒或感覺決定，他們經常是由心情狀態決定。

　　人們尋找心理治療是因為他們想要改變他們的心情。心情是僵化／慢性的情緒，可能不適合我們。因為一個單獨事件或是情境而感到生氣或難過，這通常不是一個問題。經常處於生氣或是悲傷的心情中才是問題。常見的問題心情狀態包括了，慢性焦慮、憂鬱、生氣、恐懼和沮喪。直接解釋給個案聽他們如何改變心情通常不會有效。一個體驗式方法會更有效。如果一個人經常生氣，他一定有個重大的喚醒式經驗，會改變他的信念，他的生氣是為了伸張正義或是提供助益。可能這個男人是個父親，他的女兒哭著來找他，跟他說因為爸爸的生氣而導致女兒的失眠和惡夢，這個男人可能就會改變他的行為，因為他瞭解到他的生氣影響了女兒，這個過程稱為「認知分歧」。如果一個人體驗到了他的信念和想法造成了生活的障礙，這會誘發一個態度改變。當溝通者想要誘發個案狀態／信念／身分的改變，最佳的方法是生物邊緣共振。

▍喚醒式地改變狀態

　　個案來尋求治療，可能缺乏幾種狀態，包括了動機、責任心或

是連結。這些狀態必須透過體驗誘發出來。以下例子是艾瑞克森基金會資料庫裡的關於運用喚醒式溝通的經典案例。

艾瑞克森案例六

這個案例中的男人，我稱為「哈洛德」，他感覺人生無聊、非常不滿意人生、懶惰。這個人的疾病稱為無聊（ennui），法文這個字的意思可能是憂鬱。

當艾瑞克森跟哈洛德作諮商，他發現哈洛德早上起床、吃早餐、然後閱讀。然後中午到了，他會吃午餐、閱讀，然後吃晚餐，再閱讀多一點。哈洛德日復一日地做這些事。難怪他會覺得人生無聊！

很多治療師會覺得哈洛德需要一些活動，一些社交生活——他們可能直接給哈洛德開這個處方。為了將他引導導向一個理想社交結果，艾瑞克森告訴哈洛德：「我是你的醫生，我不僅對你的精神狀態感興趣，我也對你的身體狀態感興趣。你家離圖書館只有一．六公里遠。我想要你這樣做：早上起床、吃早餐、然後散步去圖書館。你不需要帶書去圖書館，因為圖書館裡有很多書。打包午餐在圖書館吃午餐，然後繼續閱讀。」這個處方要求的並不多，所以哈洛德可以繼續每天的規律生活。但是這個小小改變卻有個滾雪球般的效應，是哈洛德意想不到的。

哈洛德依照艾瑞克森的指示。他散步到圖書館，在圖書館讀書，在圖書館裡尋找他感興趣的主題。有一天，他發現自己在鳥類學的書架前停下，他開始閱讀鳥類學的書。有好幾天的時間，他專心在閱讀鳥類學的書，直到他發現有其他人也跟他一樣在這個區域

逗留。他開始跟這些志同道合的人聊天，討論鳥類。一段時間之後，他們決定要成立一個鳥類學的研究社團。哈洛德的無聊不見了。

哈洛德的改變並不是因為他自己有意識的靜心。哈洛德的改變是因為艾瑞克森給他一個新的社交情境，好的事情可能從中發生。這個改變是由一個新的經驗產生，而不是教條式地教導知識。這個改變讓哈洛德覺得自己是獨立自主的，因為是他自己開始做這件事的，不是治療師幫他做的。

▌喚醒式參考經驗

經常處在糟糕狀態的人們，好像知道他們的人生裡有某些糟糕或無效的事情，但是他們真的體驗到他們知道的東西嗎？作為治療師，幫助個案從糟糕情況進入良好狀態是我們的工作，我們要在知道和體驗之間構建一座橋梁。那座橋梁可以是一個轉化、喚醒式、生物邊緣共振的經驗。

幾十年前，有一天，我在一個糟糕狀態，帶著攻擊性看待所有人事物，尤其對我當時的太太更是如此。我們開車要去接一個青少年個案，唐，我們當時是他的養父母。我們要帶他去看馬戲團。他住在鳳凰城一個貧窮區裡。走到他住處的水泥階梯是沒有扶手的。當我走上階梯準備見他時，我的心情改變了。這是怎麼發生的？我不知道。或許是看見「裸露」的階梯。或許我下意識地發現我要當唐和我太太的「扶手」。不論是什麼原因造成的，我的心情突然改變了。那個片刻是一個參考經驗。我突然瞭解到我不用困在我的心情裡。後來，我發現我可以回到那個經驗裡。我可以在心裡想像

我再次經歷這些階梯，體會到我的心情是可以改變的。個案也可以從類似的體驗中獲得幫助。有時候，僅僅是跟一個好的治療師在一起，就是一種參考經驗。

有些偉大的治療師，我們只要跟他們在一起就可以感受到他們的場域和能量。艾瑞克森就是這樣一位偉大的治療師。維克多·法蘭可（Viktor Frankl）也是這樣的大師。在他們的溝通裡，兩人都會這樣暗示：「你不需要困死在你的問題裡。你可以自由選擇任何資源去改變或進步。」

我在 1990 年時第一次見到法蘭可。我邀請他在 1990 年的世界心理發展大會上做專題演講。在那年夏天，我要在維也納教課，我問他我們是否可以碰面。他寫信告訴我，因為身體疾病的緣故，他不接受訪客，但是當我抵達時，請我打個電話給他。

當我在維也納出了機場海關時，牆上有個公共電話，我打電話給法蘭可教授。出乎我意料之外，他對我說，「現在來找我吧。」因此，我把行李放好，跳上計程車去他家。他很熱情地招呼我，帶我到書房坐坐。我在自己的一本書上簽名送給他，他也在他自己的一本書上簽名送給我。他寫著：給薩德博士，謝謝你來維也納我的家中探望我。然後他帶我參觀他家。

在一個房間裡，牆上掛了二十九個榮譽博士學位，是世界各地的知名大學所贈與他的。在他所有這些至高學術榮譽中間，有一張很不起眼的證書，是他駕駛單人賽斯納飛機（Cessna），那是他七十歲時所做的事。當時，他是聖地牙哥大學裡的終身職教授。

我跟他說我是滑翔飛機的駕駛員，我問他：「在這所有的偉大證書裡，你怎麼有這麼一張不起眼的飛行證書？」他告訴我，年輕

時，他喜歡爬山，完全不害怕高度。事實上，在維也納，有幾條登山步道是以他命名的，因為他是第一個發現這些步道的人。但是，後來他對飛行產生厭惡。因此，他決定和太太去上飛行課程，最終兩個人都學會開飛機。當他跟我說這些時，我一定是露出困惑的表情，因為他接著說，「Ich Lasse mich nicht alles von mir gefallen」，這句話翻譯過來是：我內在有些東西，是我不需要一輩子忍受的。

對我而言，那個時刻成為一個參考經驗，改變了我。有些東西我認知上理解，突然間就變成經驗上體會到。這就像學習騎自行車，不停跌倒，學習體驗平衡感。當法蘭可用德語說了這句話時，我體驗到我再也不用面對我的所有缺點，老是當一個受害者。有一個持續的效果發生。我無法告訴你這句話在這些年裡，有多少次觸碰我，引導我度過難關。

法蘭可還說了許多智慧的話觸碰我，包括了：「當你在做事情時，想像自己正在做第二次，避免你第一次所犯的錯誤。」這個訊息很棒，我認真體會這話語的意義，把它變成一個重要喚醒式經驗。

現在在思考一下，在家庭裡，參考經驗如何派上用場。如果你是一個家長，你希望你孩子負責任，你首先必須決定，你的孩子是否理解負責任是什麼意思。如果孩子不知道這個字的意思，那就定義一下，向他解釋為什麼這對他有幫助。然而，大多數青少年都知道負責任是什麼意思，因此他們需要一個切身體會：「我可以成為負責任的人。」要做到切身體會，可能需要一個喚醒式經驗。這個經驗可能以一種催眠治療、治療隱喻、參加球隊運動，甚至是談戀愛的方式呈現。

一個切身體會可以引導到一個心領神會（或是一個信念）。要獲得一個切身體會，青少年可能需要另一個喚醒式經驗，用來喚醒有承諾力量的心領神會：「我會擔負責任。」然後，另一個喚醒式經驗可能帶出一個參考經驗：「我現在負起責任！」然後那個體驗就會成為一個身分認同的參考經驗：「我是一個負責任的人。」我們的身分認同不是僵化不變的。如果個人體驗到一個重大參考經驗，他／她的身分認同會突然改變，而且很有可能不用經過五步驟：從想法，到概念體驗，到信念，到狀態，到身分認同。如果有個參考經驗，個人可以簡單地體驗到自己的存在，譬如我是一個負責任的人。

　　當我們在討論改變的過程時，我一個要好朋友給了一個解釋，說明她如何戒菸：「那些戒菸的廣告嚇唬不了我，對於我的戒菸一點幫助也沒有。我很抗拒那些廣告。但是，當我跟一個不抽菸的人談戀愛時，他讓我感覺，儘管我有抽菸的壞習慣，一點都不影響他對我的愛與接納，突然間我有個深刻體驗。某種程度上，那個深刻體驗改變了我的身分。我的防禦機制反轉了。現在我捍衛我作為一個不抽菸的人的權利。」另一個朋友戒菸了，當時我透過一個動作指出，抽菸是一種消極式攻擊行為，不符合認為自己是一個自豪的好媽媽的身分。我把我的左手放在右手上，緩慢地、偷偷地用右手做個罵人的手勢，指向她的小孩（你大概可以猜出我是比中指，這個手勢）。誘發出參考經驗來創造轉化，也是催眠的根本原則。

　　催眠是一種經驗式溝通，因為它用來改變個人狀態。催眠可以幫助人們重拾美好狀態；它不是一種知識傳遞。為了幫助我們的個案有個重大喚醒經驗，我們需要運用溝通「調色盤」上所有元素，

包括姿勢、動作、身體距離、聲調、說話速度以及聲音方向。米爾頓‧艾瑞克森是舉世聞名的間接溝通者，這也是他治療的核心原則。

艾瑞克森案例七

　　艾瑞克森探索溝通裡的所有可能性。他有一次對一個經常暈車暈船的人做治療。當時，身體與心理之間有關聯的說法並不流行。艾瑞克森對於研究生物邊緣共振裡的精微溝通很感興趣，因此他對這個男士做了個普通的催眠引導。當這個男士閉上眼睛，艾瑞克森精微地重新導向他的聲音，身體從一邊倒向另一邊，就好像在船上搖晃的感覺。因為當一個人聽到從不同地方傳來的聲音時，這可能會誘發暈船的感覺。當艾瑞克森這樣做時，這男士真的產生暈船的感受。艾瑞克森證實了聲音的方向性對於造成生理反應是一個重要線索。艾瑞克森在做治療時經常運用聲調、說話速度、聲音方向。他通常不會跟個案解釋他在做什麼。

活在當下：不解釋

　　當我們在做催眠治療時，解釋你所做的「詩意般」過程通常沒什麼意義。當我在大學時，我記得我對於研究詩詞失去興趣。我們花了很無聊的一週專注於分析十六世紀的一首英國古詩：

　　西風啊，你何時吹拂
　　細雨輕降而雨
　　基督啊，吾愛在我懷中

我再次重回臥床！

一個片段的精細分析都可能毀壞詩篇所帶來的感受。以下是一個關於笑話的古老笑話：天堂與地獄的差別就在於，在天堂大家講笑話，在地獄大家解釋笑話。因此，我們不要執著於對個案解釋轉化經驗。

以下是另一個經驗式案例，關於一對夫妻，他們對於同一個事件總有不同看法，觀點落差巨大。在一次治療裡，我帶來一個我在美國科學期刊上找到的圖片。我多次運用這個圖片做治療，所以我把這圖片透明塑膠裱背了。

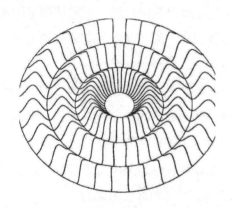

我把這圖片放在老公和老婆之間，他們坐在圖片的兩邊。上圖是老公看到的。我跟老公說：「這個圓環線是在高峰還是低谷？」老公回答：「低谷。」我說：「你很確定嗎？」他說：「百分百確定。」我說：「你會捍衛這個觀點嗎？」他說：「當然。」

老婆看到的是這樣：

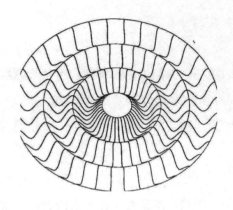

　　我問老婆同樣的問題，老婆回答：「圓環線是在高峰。」我問她是否確定，她說：「百分百肯定。」然後，我讓兩人交換位置，我也無須多做解釋這個練習是什麼，他們都懂了。他們兩人擁有的不同經驗，都是獨一無二的；他們的經驗會帶出不同意義。我運用隱喻式溝通來改變個案觀點。

　　參考經驗無所不在。當我年輕時，我去阿根廷學習滑雪。我很幸運有個好教練。他教導我的第一件事是練習跌倒。我大吃一驚，因為我是來學習滑雪，不是來學習跌倒的。但是，我還是乖乖聽從教練的指示，練習跌倒和站起來，直到我的身體記憶了這些，我體會到跌倒和站起來是跟滑雪息息相關的。

　　然後教練帶我到一個小山丘上，跟我說：「彎曲你的膝蓋，保持放鬆。將你的手放在右膝蓋上。當你推一下你的右腳，你會向左轉。當你推你的左腳，你會向右轉。」這讓我想起我爸爸教我如何開手排檔車。因此，我練習「排檔」滑雪板，直到這變成我的身體記憶。我看到其他的滑雪者，他們從很陡峭的雪地上優雅熟練地滑行而下，我注意到他們並沒有在練習步驟。相反地，滑雪的熟練

技巧和藝術境界已經深深烙印在他們身體裡。當我繼續關注時，我發現我最終也能忘記所學的步驟，全然依靠我的身體記憶。滑雪就是一種需要生物本能的學習歷程，而不是知識教導。游泳、騎自行車，甚至成為快樂的人都是一樣的道理。

滑雪第二堂課就像是一個隱喻的參考經驗。當我站在楚格峰上（Zugspitze），德國最高峰，我跟一個精神科醫師在一起，他是滑雪高手。他可以倒著滑雪。我當時還在學習適應滑雪板，當我轉彎時，我會向山的那一邊傾斜。畢竟，我不想跌倒摔太遠。我朋友知道我的本能反應跟滑雪高手所知道的是相反的：滑雪板的前緣會提供支持。儘管我朋友多次告訴我這一點，我還是不敢相信這是真的。最終，在某個啟發時刻，他運用一個隱喻。靜止的倒退滑雪，他打開他的雙手，放下他的滑雪杖。在他身後是一個山谷，一個寬廣的德國鄉下。他喊叫著，「傑弗瑞，擁抱這個山谷吧！」我找到了！我突然間擁抱滑雪，信任滑雪板的前緣會支持著我。現在，當你在做治療時，選擇一個好的隱喻並強化它。

今日太多治療強調要減低強度，要保持冷靜，要放鬆。很多治療師作催眠引導就是依據這個想法而做，他們的催眠引導就像是搖籃曲。但這並不是艾瑞克森工作的方式。艾瑞克森在他的催眠裡會調節張力強度；這些催眠就像是莫札特的交響曲，其中有和諧音和不和諧音。莫札特和艾瑞克森運用相似的語法——觀眾通常看不見這些細微部份。他們呈現的是一種體驗，不被分析頭腦所玷汙。艾瑞克森不會解釋他的治療步驟，就像莫札特的作曲，他的溝通，不論是語言的或是非語言的，都是分毫不差地精準。當我回看這一切，我看見他的精準創造了許多參考經驗，這也是為什麼我現在做

治療和教課時，總是致力於保持在精準狀態中。

保持精準的狀態

　　艾瑞克森總是敏銳地調頻到個案的細微身體反應。我有一次跟艾瑞克森討論一個治療影片，是六個月前錄製的。（最早是《在跟大師學催眠》這本書中有提到〔 Zeig, 1980 〕，其中的催眠腳本在這本書的第二章中有完整過程呈現。）我們兩人花了五小時討論這個五十分鐘的催眠引導。在我們討論到一半時，我把影片關掉，要問艾瑞克森問題。那時候，艾瑞克森說：「她接著要提到她的（催眠狀態裡）麻痺手臂。」當時我就想，他不可能記得這麼久之前個案的一個模糊小細節。他在做一個預測，一個推論。我問他說：「你為何如此說？」他說：「你把影片倒回看。」因此，我倒帶回放影片，影片中艾瑞克森帶著他自己癱瘓的手臂，慢慢地看著他的左手，然後很輕微地移動。當他這樣做時，那位被催眠的女士，眼角餘光有看到艾瑞克森這樣做，接著這位女士談論她自己的手臂，作為回應。我看著影片，當中艾瑞克森預先知道了這女士的反應會是什麼，甚至在她回應之前他就已經知道，因為他訓練自己對於溝通反應保持精微敏銳。我對於艾瑞克森可以同時在溝通和建立反應這兩件事上都如此精準表現，感到萬分敬佩。突然間，對於他在催眠治療時如何建立人際關係互動的方法，我有了深刻體悟。

　　艾瑞克森在我身上所做的精準溝通，讓我感受到真誠被愛，因為他致力於觸碰我的心。艾瑞克森驚人的精準是一種不著痕跡的轉化過程。他把這樣的精準運用在他所接觸的人身上，這在人際關係上很罕見，但是在藝術裡似乎隨處可見。

治療的藝術

　　兩年前，我開始訪問藝術家，想要深入了解如何創造深刻體驗，我發現精準是其中一項要素。我訪問電影導演，詹姆斯·弗雷（James Foley），他導演了電影《拜金一族》（*Glengarry Glen Ross*）；奧斯卡金像獎作曲獎得主理查德·謝爾曼（Richard Sherman），他跟他弟弟一起合寫了電影配樂，《歡樂滿人間》（*Mary Poppins*）；以及斯坦·李（Stan Lee），漫威漫畫的傳奇人物，前總編。你可以在相關網站（emotional-impact.com）上找到這個訪問。我想瞭解藝術家如何策略性地影響觀眾，以及他們如何創造深刻體驗。我相信治療師可以從藝術家身上學習，因為藝術家是從喚醒式世界穿越而來。藝術家致力於在心情狀態上和觀點上誘發改變。

　　對於那些活在科學世界的人們而言，喚醒式溝通可能聽起來像是外星語言，因為我們知道科學是奠基於事實，要陳述事實，知識的溝通與傳遞是必要的。但是，科學家也會去看電影、逛博物館、看畫展、看戲劇、聽歌劇，也去欣賞舞蹈表演。他們也讀小說，聽音樂。儘管大多數人沒有發現，我們是喚醒式溝通的高手，因為我們經常體驗到這個，也經常無意識地致力於喚醒別人的某種狀態和情緒。藝術家鍛鍊他們技能，致力成為更好的喚醒式溝通者。我經常問我自己：治療師可以從藝術家身上學到什麼？當我們需要運用深刻情感時，我們如何運用藝術家的方法溝通？我們如何進入一個「體驗式狀態」？隱喻經常是喚醒式溝通的第一步。

隱喻

隱喻是一種修辭方法，在其中我們用一個詞或是句子來形容一個物件或一個動作，而不是直白地表達。因此，聆聽者必須主動參與其中，體會隱藏的概念意義。隱喻是一種強而有力激發體驗的工具，但它不是用來傳遞知識事實。隱喻能將事情引導導向某個東西，不是一種明白告知。隱喻強化概念的體悟，這讓一個概念鮮活呈現。

隱喻是一種概念溝通的基礎，可以用在治療的任何階段。治療師可以運用隱喻在同理心階段、評估階段、在治療階段，甚至在結案階段。當我們的目標是喚醒一個體驗時，我們可以有效地在日常生活裡運用隱喻。類比是隱喻的近親「表兄弟」。

例如，在評估個案的疼痛時，我可能用一個類比方式來問個案：「如果你的疼痛是一個顏色，你覺得是什麼顏色？」「如果你的疼痛是一個工具，你覺得是什麼工具？」「如果你的疼痛是一株植物，那會是什麼植物？」「如果你的疼痛是一個容器，你覺得是什麼容器？」當個案參與在一連串的聯想列車活動裡，他的主觀疼痛經驗可以有所改變。如果個案有自己的類比浮現，這個過程本身就可能產生對疼痛的療效，因為個案可以從一個類比代表裡感受到不同的疼痛感受。

亞里士多德（Aristotle）曾說，「到目前為止最棒的事是掌握隱喻。別人無法教會你這點，這是天才的印記，一雙尋找相似處的靈活雙眼，才能夠說出好的隱喻。」他也這樣提到隱喻：「輕鬆地學習對所有人而言都是愉悅的，語言強化某些東西，不論語言在我們身上創造了什麼，這都是最棒、最享受的了。」

隱喻的運用是平行溝通：我想要溝通這個，為了誘發這個，我說那個。我訓練自己處於一種說隱喻的狀態，因此我的個案可以輕鬆體驗到一種心領神會的感受。我再也不需要去思考隱喻這件事，我自然而然地做。

　　電影導演經常使用隱喻。例如某先生或女士要離城了，導演不會讓演員說出來。相反地，可能有幕場景是一架飛機起飛，代表了離開。如果在螢幕上這架飛機是從左到右飛，就表示某人要離開了。如果螢幕上飛機是由右到左飛，那表示有人回來了（請參照下圖）。一個象徵畫面告訴觀眾現在發生什麼事，不需要口語的描述。我們不把這個例子當成是隱喻，因為隱喻是用口語表達的。相反地，這更像是一種強化溝通，這是一種非語言平行溝通，用「那個」來誘發「這個」。

起飛離開　　　　　　　　　　　　落地抵達

　　通常，在電影裡，在上位者會出現在螢幕的左邊，在下位者會出現在螢幕的右邊。因為我們閱讀時從左邊讀到右邊，我們會習慣性地從左到右尋找訊息。當我去波蘭的克拉克夫（Kraków）電影學院時，一個學生描述了電影的「暗碼」給我聽。但是當我在訪問電影導演時，他們很少人會記得這個潛規則，因為他們已經使用這個方法太多遍了，這些規則變成是下意識的自動自發習慣。

文法上來說，隱喻是一種修辭法，用一個詞或是一個句子直接說出一個東西，同時暗示另一個事物。例如「時間就是金錢」就是一個隱喻。在莎士比亞的經典隱喻戲劇《皆大歡喜》（*As You Like It*），他寫道：「整個世界就是一個舞台，所有男人和女人不過就是演員，他們有進場和離場，一個人在他的時間裡扮演許多角色，他在七個年代的表演。」

我們可以解構這個延展隱喻的許多元素。這個世界並不真的是一個舞台，但是莎士比亞拿生命跟舞台相比——在其中我們都是演員，扮演不同角色。當莎士比亞提到「進場」和「離場」，他是在說，我們都出生，進入這個世界，也終究會死亡，離開這個世界。當說到「他在七個年代的表演」，莎士比亞是在說一個人大概七十年的生命旅程。當觀眾體驗到這個戲劇時，個人的獨特意義遠大於頭腦智力分析。

隱喻通常是透過口語來溝通。強化溝通，一個相關的過程，則是意義的表達或代表的呈現，不見得是要透過口語傳遞。譬如手指指向某人，這就是一個強化溝通。當我們嘴巴說出「手指指向某人」這句話，無法傳遞出行動所表達的同樣深刻意義。一個強化溝通可能是一個聲音。「喔喔喔喔！」比起僅僅只是說「我受傷了」，可以更好表達疼痛的感受。透過強化溝通者的表達，意義就誕生了。人們透過強化溝通來分享概念。在治療中重複使用，一個強化溝通者可能喚醒個案全新的想法、畫面、回憶、行動等等。

隱喻是象徵式語言的一個例子。「象徵式語言」包含了許多文學工具和技巧。隱喻、明喻、典故、成語都是象徵式語言的形式。一個修辭法就是一個詞或是一個句子有著有別於字面意義的隱藏意

義。它透過認出或是比較兩個類似意義的東西來傳遞意義。

象徵式語言在詩詞裡、文學上運用特別多。我們在每天生活對話裡運用象徵式語言，而且這個部分經常自動發生。掉進戀愛裡就是象徵式語言的一個例子。

強化溝通是模糊的，因此聆聽者必須萃取出個人意義。一般而言，我們可以把古典音樂看成是象徵式語言，因為我們用聲音來呈現一種感覺，或是說一個故事。貝多芬在戰爭時期撰寫《第五交響曲》，當時維也納正被敵軍佔領。在二次世界大戰期間，英國 BBC 廣播電台每次廣播前都會播放《第五交響曲》的前四個音符，這個交響曲就變成眾所皆知的勝利交響曲。因此，這個交響曲可以喚起勝利和希望的光榮凱旋感受。貝多芬撰寫了《第六號交響曲》（田園交響曲），當時他走在鄉間小道上。這個交響曲呈現了他對大自然的喜愛和嚮往，這經常也會喚起聽眾的類似感受。

音樂可以帶領聽眾到達一個語言無法描述的境界。強化溝通、隱喻和其他象徵式溝通語言把溝通帶到一個體驗的世界。隱喻誘發個案的獨特體驗。隱喻是一種喚醒式溝通，像藝術般抽象模糊──是引導導向的。透過禮物包裝的方法，讓個案有個心領神會的概念體驗。

在艾瑞克森學派裡，禮物包裝是個重要概念，我在裡《經驗式治療藝術》有詳盡描述（薩德，2018）。透過禮物包裝的方式，我們可以把概念包裝在隱喻、故事、間接暗示、催眠、笑話、治療任務、精神分析的詮釋或是心理劇裡。然而，這些治療技巧本身沒有緩解痛苦的效果。一個技巧僅僅是用來包裝概念，然後個案要自己努力去發掘裡面隱藏的訊息是什麼。這個部分跟醫學治療原則是相

反的，醫學上的技巧通常是用來治癒、穩定一個疾病。心理治療技巧是強化溝通，誘發概念體會，大道至簡，這樣的心領神會使得改變成為可能。

在治療裡的隱喻和強化溝通

在治療裡運用隱喻的目的是，提供個案一個機會，用不同方式去感知事物或是產生行動。一個簡單例子是運用積極想像作為一種延伸隱喻。例如，治療師可以引導個案想像自己獨自走在道路上，或是遇見一個智慧老者，老者給了建議，這個建議可能是一個隱喻，如何在困苦時刻穿越障礙。這個智慧老者可能說：「留在道路上，放慢腳步，平安到達你想去的地方。」用一種平行方式溝通，把治療暗示鑲嵌在其中，這會造成一種行動力，比直接建議來得好。

以下是一個艾瑞克森運用強化溝通的例子。他在治療室裡示範如何治療一對夫妻，老婆說她無法親吻老公。艾瑞克森以強調語氣說：「你無法親吻你老公。」他加上了：「我將會讓你和你老公距離只有幾公分遠，但是你無法親吻他。」艾瑞克森找了個學生把治療室的門打開，在地上放了一張紙，紙放在門的正下方，兩邊距離各半。老公站在門的一邊紙上，鼻子貼著門，老婆站在門的另一邊紙上，鼻子貼著門。艾瑞克森告訴他們兩人，現在他們處於一種情況，兩人只有兩公分半距離遠，卻無法親吻彼此。他接著說：「為何在沒有限制的地方加上限制？」一個強化經驗會比一個簡單的口語面質更讓人印象深刻。

隱喻或是強化溝通的元素並不是事實，儘管我們可能對於某個

隱喻有相似的解釋，我們每個人都有不同的經驗。如果我對一個團體讀一首詩，或是做個團體催眠引導，學員們會有不同體驗，有時候甚至是巨大的差異體驗。

隱喻是新奇的，新奇的事物會產生頭腦裡的新連結，這稱為神經再生（neurogenesis）。隱喻也會讓人記憶猶新。我的個案通常會記得我們彼此同頻共鳴時所說的隱喻，儘管我可能不記得在無意識裡所說的隱喻是什麼。

隱喻之所以有效，是因為它創造了溫和的喚醒，誘發個人意義的尋找。相對於訊息傳遞的溝通，隱喻的運用創造了去穩定化的效果。當某人講了一個笑話，笑話本身會創造某種程度的緊張，通常隨之而來的是聽眾開懷大笑。同樣地，隱喻誘發一種自動化反應——這種反應是生物邊緣共振現象。事實上，隱喻的運用就像是打開生物邊緣共振溝通的大門。

常見的隱喻：

情緒的過山車

心碎了

我的生命之光

快要氣炸了

嘎地一聲停下來

感覺藍色憂鬱（blue，在英文是雙關語，既是藍色，也是憂鬱）

以下是一些例子，我們如何在問題中運用隱喻，也用隱喻傳遞解答：

1. 當某人在痛苦中，我們談論著一波波的痛苦，接著談論一波波的舒服。

2. 當某人很悲觀，我們說：「你頭上有朵烏雲罩頂……」，如果想要這人開心點，我們會說：「……但是遠方地平線上有朵美麗白雲飄過」。

3. 當我們要同理一個被困住的人時，我們運用一扇關上的門這個隱喻。當要暗示不同可能性時，我們會說不同的鑰匙可以打開不同的門。

莎士比亞是隱喻大師。在羅密歐和朱麗葉的故事裡，當羅密歐說：「那扇窗照耀進來的是什麼光？是東邊，茱麗葉是太陽。」這個隱喻可以有許多種詮釋。我們可以解釋說茱麗葉很美麗，很聰明，或是很仁慈，但是有個永恆意義：「茱麗葉是太陽，意味著羅密歐深愛著她，茱麗葉是他的全部世界。」（比喻說法）

透過比較，隱喻勾勒出一個畫面。隱喻和類比兩者都創造出比較，但是類比運用一種更直接的溝通橋樑來做比較。莎士比亞可以用類比來描述：「茱麗葉就像是太陽一般。」但是說出這句話，茱麗葉是太陽，更觸動人心。我通常會建議新手治療師先練習運用類比，然後再學習運用隱喻，因為當你很熟練時，隱喻更能打動人心。

莎士比亞精通隱喻以及策略派溝通。譬如，莎士比亞並不是立即跳進太陽這個隱喻本身；它有個暖場的隱喻開頭：「那扇窗照耀進來的是什麼光？是東邊。」隱喻和策略式思考自然流經莎士比

亞的筆尖，因為他總是鍛鍊這些優美步驟。當莎士比亞寫作時，隱喻和策略式發展自然浮現，因為他處於一種隱喻以及策略溝通的狀態裡。治療師可以鍛鍊這些狀態，讓這些狀態成為治療工具的一部分。

有些作者精通策略式溝通，有些作者精通隱喻式溝通。最近我閱讀查爾斯・狄更斯（Charles Dickens）的《雙城記》（*A Tale of Two Cities*）。如果你想學習策略性發展，那就閱讀狄更斯的著作。我也閱讀托馬斯・哈代（Thomas Hardy）的著作，《德伯家的苔絲》（*Tess of the d'Urbervilles*），如果你想學習如何運用隱喻，那就閱讀哈代的作品。當談到農場女僕時，哈代描述：「他們每個人都得到太陽般的溫暖，每個女僕心中都有個小太陽，可以取暖，有些夢，有些反思，有些興趣。」

遞迴效應以及三個一組規則

哈代在寫作時運用三個一組的規則：「……有些夢，有些反思，有些興趣……」三個一組的規則是另一種溝通模式，從策略性狀態衍伸而來。一般而言，當在演講、寫作或是作曲時，概念或想法會用三個一組的方式呈現，這樣會更有趣，我們更享受些。一個偉大的演說家，像是一個政治人物在談論經濟議題時，他們經常使用三個一組的規則。

以下是一個假想的政治家演說案例：「我們需要明確的經濟數據來提升經濟成長。我們需要瞭解金錢政策的基礎架構。我們需要研究經濟任務實現的原則。」這三句話基本上是在描述同一件事，儘管我們可能沒有注意到文法上的差異，但這確實造成影響。用一

種迂迴的方式說話，運用三個一組的規則，可以誘發深刻體驗。這是溫和的催眠式溝通。

電影導演和作曲家也會運用三個一組。我在演講時、做治療時、作催眠時都會運用這方法。我甚至在我寫作和個人生活溝通上都運用這方法。三個一組不是技巧；它是策略式溝通的持續成長途徑。

艾瑞克森經常使用三個一組規則。當我剛認識他時，我是人本治療學派的治療師。我與個案溝通通常是簡單的句子。如果個案說「今天天氣很好，」我可能會說：「你看起來今天感覺不錯。」艾瑞克森不會用這種簡單的同理反饋，他可能會說：「你在這裡，你感覺很好，有些感受你想要牢記在心。」在這個例子裡，艾瑞克森不僅是用三個一組規則，他也運用了基礎的三步驟策略溝通原則：跟隨，暗示，啟發。

當治療師運用解離句子（通常在催眠裡使用），他也是採用同樣三步驟做法。這些步驟可以稱之為 SIFT 模式：設定、治療主軸、跟進（Set up, Intervene, Follow Through），譬如「你的意識心智可以聽我的聲音（設定），同時你的無意識心智可以……，專注在內在（治療主軸），因為可以在意識層面和無意識層面上體驗獨特感受是件很棒的事（跟進）。」（關於更多相關訊息，請參考薩德 2014 年的《催眠引導》。）

當我了解艾瑞克森如何運用策略，如何運用三個一組，如何運用三步驟的跟隨、暗示、啟發，這徹底地改變了我的溝通模式。策略式溝通會造成喚醒式體驗。

在家族治療裡運用隱喻

偉大的家族治療師，薩爾瓦多·米鈕慶（Salvador Minuchin），非常擅長運用隱喻。在一次家族治療過程中，他運用一個口語隱喻來辨識出家庭系統裡的某個角色。在孩子們面前，他問兩位家長：「你們誰是家裡的警長，誰是家裡的辯護律師？」（一種互動的特定關係）。在這個家庭治療的後半段，米鈕慶運用一個非語言、空間的隱喻：他刻意地把父親從家庭的圓圈裡移除，用來強化父親在家裡不受重視、被排擠的地位。這個家庭裡的某些問題是因為爸爸的漠不關心而產生，米鈕慶運用了一個喚醒式體驗來說明這一點。（一個暴力的父親，這個影片可以在艾瑞克森基金會的米鈕慶檔案庫裡找到，www.psychotherapyvideo.com。）

隱喻在口語和文字表達上很常見，但是我們也可以用姿勢、動作、聲音來表達隱喻。這稱之為強化溝通，或是稱之為生動隱喻（living metaphor）。我會對家長們使用一個類似方法，我稱之為「治療師的雕像」。如果個案是憂鬱的，我可能說：「好的，給我看看你的憂鬱，我會把我自己變成一個憂鬱的雕像，因為我想要你看到你自己憂鬱時所呈現的內在感受。」我透過自己的身體姿勢創造一個視覺上的鮮活隱喻，而這個片刻就變成更加活靈活現，個案會感受到深刻意義。另一種做法是，我會把自己變成是個案問題的解答，同樣讓這個解答的身體雕像栩栩如生。

在諮詢室裡的小物件也可以用來強化隱喻。當我做催眠培訓時，我會讓學生拿起一個小物件，像是鉛筆，讓學生在他的搭擋身上運用這個鉛筆來作催眠引導，創造一種雙層次溝通。當他們在社交層面談論他們的搭擋手中拿著一支鉛筆時，在心理層面的溝通要

引導搭擋去感受催眠的四個元素：（一）專注聚焦，（二）改變體驗的強度，（三）解離，（四）暗示細微反應。如果個案體驗到這些元素產生，個案自然進入催眠狀態。

當在描述一支鉛筆時，學生可能說：當你握著這支鉛筆……你可以專注感受它的重量……或許你可以專注感受它的形狀……或許你可以專注看著它，看見鉛筆表面特別有趣的花紋……我不知道你會有興趣發現什麼，因為當你選擇你的聚焦點，你可以有意識地體驗到你所感受的，認出這種感覺……可以有些細微改變，非常精妙地，可以有種輕盈的感受……當你握著鉛筆，體驗到你的經驗開始有變化了……這就好像輕盈的感覺開始在內在成長、成熟……你的經驗……然後……你不需要注意到鉛筆所在的位置，或是你自己所在的位置，你會突然發現，你很愉快地知道，有些輕盈的回憶浮現，或許當你還是小孩子時，你的老師教你如何輕盈地移動你的鉛筆……或許是你在看著從窗戶透射進來的優美光線，或許你把燈光打開了，整個屋子就被亮光點燃了……現在你坐在這裡，體驗著光和輕盈……鉛筆……用你自己的方式……你可以……做一個深呼吸，注意到你可以全然地吐氣，同時你可以毫不費力地增加自己輕盈的感受和體驗。

在這個催眠引導裡，就好像學生把「道具」（四個元素）放在個案的心理「舞台」上，邀請個案跟這些有趣的道具玩耍。透過體驗到這四種元素的不同組合，個案就會進入催眠狀態裡。

催眠引導可以是一種平行（或是強化）溝通。在一個層面，學生在述說著鉛筆，但是在另一個層面，學生述說著催眠元素的不同體驗。我們會發現這個催眠引導其實是一個策略思考溝通的冗長句

子。把不同元素結合在一起，沒有一個明確的結束句子來中斷，這是一種策略引導，這就像是我們人類的自由聯想過程，在過程中，想法、行為、感受、感知、關係模式等等，都會交織在我們頭腦心智裡，不受任何干擾，可以連續不斷。（更多訊息請參考《催眠引導》，薩德，2014。）

這個練習也誘發治療師的順勢而為狀態，這種狀態是隨時準備好要有一個正向的回應。

強化溝通也可以系統化進行。一個隱喻，可以用來描述系統如何運作。譬如一個婚姻治療師可能說：「你的婚姻是兩個火車頭，」或是「你的婚姻是一個火車頭連上一隻蝴蝶。」隱喻可以在治療的任何時刻運用。透過隱喻，我們把個案的情況深刻描述出來，在治療過程中加入強化元素，進而誘發資源狀態。米爾頓・艾瑞克森就是一個隱喻大師。

▌艾瑞克森逐字稿一

這個部分包含了在某次工作坊裡，一個五十分鐘的案例，艾瑞克森對一個年輕女學員，莎莉，所做的催眠。我很榮幸在艾瑞克森過世前一年跟他詳細討論這個案例。

在本書的第二章裡有完整的對話逐字稿。催眠的影片，加上我的評論，在艾瑞克森基金會的線上商店裡可以買到（erickson-foundation.org），影片名稱是《阻抗》（*Resistance*）。關於艾瑞克森幫莎莉做的催眠引導其中的奧祕，可以在我另一本書中找到（《跟大師學催眠》，薩德，1980。）

艾瑞克森奠基於年齡退行，幫莎莉做了個催眠引導。以下的逐

字稿是在催眠引導之後，當時艾瑞克森提供一個催眠現象，作為一個「說服者」。請記得，如此片刻提供一個隱喻／強化的目的，這可以讓治療更深入。

（艾瑞克森用一種輕快愉悅的口氣說）現在，我不知道你住哪裡，但你可能想要光著腳走路。你可能想要坐在游泳池旁邊，把你的腳在水裡晃呀晃，期待有一天你學會游泳（莎莉稍微微笑）。現在你想要吃你最愛的糖果嗎？（莎莉微笑，緩緩點頭。）糖果在這裡……現在你可以感覺糖果在你的嘴裡，好好享受吧！（艾瑞克森觸碰她的手，想像把糖果遞給莎莉。有個長的靜默，艾瑞克森坐回他的椅子上。）現在，當你長大成為一個大女孩時，你有時候會跟許多陌生人說，當你還小時，你最愛的糖果是什麼。

有很多要學的東西……有太多事情要學習。現在，我給你看一個要學的事。我將會拿起你的手。（艾瑞克森提起她的左手。）我將把你的手提起來，拿到你肩膀的地方放著。（艾瑞克森緩慢地提起莎莉的左手腕，放在她右臂的肩膀上。）就停在那裡，我想要讓你的手臂麻痺，所以你的手臂無法活動。你無法移動它，直到我說可以動為止。就算你是個大女孩也不行，就算你是大人了也不行。你無法移動左手臂，直到我說可以動為止。

艾瑞克森的方法是獨一無二的催眠引導，也是一種喚醒式溝通。這段對話就是一個例子，艾瑞克森精彩絕妙地進入一種治療的狀態。讓我們檢視一下他如何大量地運用隱喻。記得在傳統催眠裡，個案被強行說服進入催眠現象。譬如在傳統催眠裡，催眠師可

能說：「你的眼睛緊緊閉上，你無法睜開你的雙眼。」艾瑞克森神奇地在那個片刻，知道要給予催眠現象什麼樣的暗示。催眠現象可以作為一個對個案的說服，用來證明催眠是成功的，暗示著個案的無意識正在回應催眠。無意識正在核心舞台上，事情正在發生。在這樣片刻，艾瑞克森暗示要給莎莉糖果。是的，這可以用來說服個案相信自己正在催眠裡，但是為什麼艾瑞克森不問她說，她是否想嚐嚐黑椒牛肉三明治，或是聞聞玫瑰花的香味？為什麼他不用傳統催眠裡的手臂僵硬，或是無法睜開眼睛的技巧呢？

當我跟艾瑞克森討論這段治療時，我問他說：「艾瑞克森醫師，當你運用糖果作為一個催眠現象來說服個案，你是否還有其他策略性思考在其中？」我說，因為很明顯地，莎莉好像變成一個小女孩，在年齡退行狀態中，然後每個小女孩都知道不能拿陌生人的糖果，我推測那個糖果一定有個隱喻意義——可能是象徵著信任。艾瑞克森對我的回應是：「是的，薩德，但你真的沒有在聽。我沒有說『你想要糖果嗎？』我是說『你想要吃你最愛的糖果嗎……？』怎樣的陌生人會知道小女孩最愛的糖果是什麼？」然後艾瑞克森要我回看那段影片，檢視一下他的說話順序。我相信艾瑞克森在告訴我，他已經獲得莎莉的信任，已經不是陌生人了，然後莎莉從艾瑞克森手中拿走那個想像的「最愛糖果」，這就更加深了彼此的信任。

艾瑞克森在這案例過程中運用了三步驟順序。他策略性地設置治療的起步，一開始他跟莎莉說光著腳走路，然後把腳泡在游泳池裡晃動——莎莉很有可能在過去這樣做過，這會創造出舒服感覺。接著，在治療主軸上，他提供莎莉最愛的糖果，這象徵著信任，在

催眠想像中把糖果給莎莉。最終，他的跟進暗示是莎莉可以享受糖果。我們回顧一下三步驟：（一）設置策略步驟；（二）治療主軸，或許給一個隱喻；（三）跟進，並激勵鼓勵，讓個案有理由接受暗示。在艾瑞克森身上我們可以看到，治療師的策略思考狀態和說隱喻狀態，天衣無縫地整合在一起，運用在治療當中。

　　我過去認為艾瑞克森有意識地給出治療建議，但自從我探索喚醒式溝通更多後，我現在覺得他是經常處於一種獨特狀態（或是多種獨特狀態），而他很自然地從那個狀態裡給予建議。或許他有意識地創建莎莉的催眠樂章。但是，也或許，在艾瑞克森運用這些技巧前，隱喻和策略思考的狀態已經存在他身體裡，艾瑞克森過去總是鍛鍊自己進入這些狀態，因此在面對莎莉時，這些狀態和技巧自然產生。艾瑞克森總是孜孜不倦地鍛鍊自己，不停進步，成為更好的溝通者，而這樣的紀律鍛鍊幫助他在做治療時得心應手，順勢而為。嚴守紀律的結果就是在治療中游刃有餘。

　　在催眠裡提供莎莉糖果之後，艾瑞克森又用了另一個隱喻，一種催眠現象的象徵運用，他暗示莎莉的手會麻痺不能動，他用了一種獨特方式來述說，暗示莎莉可以自我保護。當艾瑞克森跟我討論這段催眠引導時，他對於這個隱喻有更多詳細說明，他說道，如果他可以給予一個限制（手臂麻痺），他也可以把限制拿走。

　　在這個案例裡，我們看到艾瑞克森同時在語言和非語言溝通上都是如此精確。他當時身體有著小兒麻痺的殘障，並且坐在輪椅上，行動受限制，但是他順勢運用所能運用的資源，創造催眠最大效果。

　　艾瑞克森運用催眠引導的過程幫助莎莉喚起一個回憶。我們記

得，催眠引導可以用來呈現一個概念訊息。運用回憶的催眠引導，其目的是：很多時候改變的資源就在回憶裡，在催眠裡策略性地引導到回憶裡，這會埋下一個伏筆，幫助我們在催眠治療的順勢運用過程中找到有用的回憶。以下的例子，艾瑞克森也運用回憶來作催眠引導。

艾瑞克森逐字稿二

以下的例子展示了艾瑞克森如何處於隱喻狀態以及策略思考狀態。在那一天的開始，主要個案，約翰，告訴艾瑞克森當他寫作和閱讀時，他身體裡充滿了許多緊張。他尋求艾瑞克森的幫忙。約翰的太太，瑪莉，就坐在他的對面。這對夫妻剛剛結婚。在幫忙約翰處理他的緊張時，艾瑞克森同時也不知不覺地幫他們做了夫妻諮詢。（整段影片，婚姻治療，可以在艾瑞克森基金會的線上商店裡購買。在本書的第二章有完整的對話逐字稿。）

艾瑞克森的逐字稿沒有經過任何編輯，因此讀者可以發現他說了些重複的話語，因為艾瑞克森有聽力障礙。以下對話是催眠引導的剛開始片段，約翰解釋了他在寫作或是閱讀時所感受到的緊張：

> 約翰（以下簡稱約）：我想要處理一個問題，當我閱讀或是寫作時，我容易就累了……無法繼續下去。我的背很緊繃，我感覺很緊張。我真的想要的是，可以快速地、舒服地閱讀，快速地、舒服地寫作。但是我很容易累，因此我無法閱讀很多我想要讀的東西。我無法像以前那樣寫很多。
>
> 艾瑞克森（以下簡稱艾）：我瞭解到，你在閱讀時很容易累，

你在寫作時很容易累……

約：我的身體相當緊繃，我容易緊張，然後我就累了。

艾：所以，我以前有幫你治療過嗎？

約：有的。

艾：做些什麼呢？

約：我五月的時候在這裡……八月時也在……我們處理戒菸的
　　事情，以及我和瑪莉的問題，就在我們要結婚之前。

艾：看向這個方向。（艾瑞克森指向書桌上的玻璃缸，裡面有
　　著木雕小動物。）不要動。不要說話。我想提醒你一個問
　　題，你小時候去學校時，你需要學習書寫英文字母——所
　　有不同的英文字母——大寫字母，印刷字母，小寫字母。
　　當你在寫小寫的「b」時，你會把那條短直線放在圓圈的
　　哪裡？或是寫「d」，或是寫「p」？你會在「i」上面畫
　　一條直線嗎？還是在「t」上面點上一點？

　　這些事情你都必須要牢記在心……同樣的情況也發生在數
　　字上。「6」是顛倒的「9」？還是「9」是顛倒的「6」
　　呢？「3」的那些腳是朝向哪個方向呢？「3」的形狀是否
　　是英文字母「n」站起來了呢？

　　然後我要給你一個任務，你可以從脖子以上保持清醒；只
　　有你的頭是清醒的。你可以看到任何你想看見的事物。

（下一段的對話我們先跳過，你可以在第二章找到完整對
話）。接著，我們快轉這段對話幾分鐘之後：

艾：你有發現你自己不能站起來嗎？

約：（笑了）是的。

艾：這是一個很好的學習……對每個人而言都是一樣的，你回
　　想到生命的第一年，你有幾乎一年的時間無法站立。你那
　　時確實有舒服的感覺……很好，很舒服的感覺……

（再一次，我們跳過一些對話，你可以在第二章看到完整內
容。）我們再快轉幾分鐘之後的事情：

艾瑞克森轉向約翰的老婆，瑪莉：瑪莉，回到過去。回到很久
　　很久以前的過去……（艾瑞克森停頓一下。）或許回到過
　　去你還紮著馬尾的時候……看到某件有趣的事。緩慢地，
　　逐漸地，回到過去當時，你將會睜開眼睛，告訴我你看到
　　什麼好玩的事。緩慢地睜開眼睛。（瑪莉很快地睜開眼
　　睛。）告訴我你看到什麼。

瑪莉（以下簡稱「瑪」）：我沒有看到任何好玩的事。我沒有
　　看到有趣的事。我只看到馬尾。

艾：你看到什麼？

瑪：我看到馬尾，想著我的頭髮那個部分。

艾：你當時穿著什麼衣服？

瑪：紅色短袖。

艾：閉上眼睛。回到過去，看看。然後睜開眼睛，看看。你正
　　在學習。很緩慢地睜開眼睛。（瑪莉很快地睜開眼睛）。

瑪：我在想著一件橘色衣服。

艾：一件什麼？

瑪：一件橘色衣服——橘色和白色相間。當時是夏天。

艾：現在閉上你的眼睛，真的回到過去—真的待在你的過去。
然後當你睜開眼睛時，你會聽到我的聲音，但是看不見
我。你會更大聲，更平靜的口氣說話。回到過去。現在，
緩慢地睜開眼睛。你看到什麼？

瑪：我看到你。

艾：什麼？

瑪：我正在看著你。

艾：你正在什麼？我是誰？

瑪：你是艾瑞克森醫師。

艾：但是我不在你的回憶裡。我們在哪裡？

瑪：我們在這裡。

艾：這不是在那裡。再次閉上你的眼睛。你開始學習如何回到
過去，回到一個你還不認識我的時間點，遠在你認識我
之前。（較長停頓。）當你準備好了，緩慢地睜開你的眼
睛，看見一件你所做很淘氣的事。（較長停頓。）睜開你
的眼睛，看見某件你所做的淘氣事。緩慢地睜開眼睛。你
做了什麼？

瑪：在你說某件淘氣的事之前，我看見自己在後院。我可以看
到我的狗——一隻小狗——那就是我正在想著的事。

艾：好的。（艾瑞克森轉頭對約翰說話。）你繼續保持舒服的
感覺，是嗎？

約：是的。

艾：你打算保持這樣？

約：是的。我感覺很棒。

艾：現在你可以帶著那個很棒的感覺站起來。

約：（笑了，並且嘆息。）我真的感覺很棒。

艾：在威斯康辛的某個寒冷的日子，那是冬天，一個星期六……我當時念高中，我爸爸有個送牛奶的路線。當他從不同農場裡收集牛奶，把這些牛奶帶到一個濃縮工廠，九英里遠的地方，這花了他一整個下午的時間，收集牛奶並送到濃縮工廠。他在朱諾（Juno）那個地方有個安排，可以讓馬匹休息，讓馬可以吃草，休息一下，同時他也可以在朱諾溫暖的廚房裡吃午餐。那天很特別，室外是寒冷的零度；我幫我爸爸送牛奶。我把馬匹栓好，給他們草和水，然後敲打朱諾家的門，表明我是誰，然後進到廚房裡。接著，我把我的外套和鞋子脫掉，有個六歲的小女孩走進來，在我身邊走來走去，把我從頭到腳細細打量了一番，在我身邊來回走了三遍。然後，小女孩走到她媽媽身邊，問說：「這個陌生男人是誰？」

當時，我知道自己是個農場男孩，就只是一個十六歲的農場男孩。當那女孩問她媽媽「這個陌生男人是誰？」我感覺自己的男孩氣息滑落肩膀。瞬間感覺男人氣概光輝降臨在我肩膀上。我從此不再是個男孩了。我成為一個男人。我感覺像個男人。我看起來就是個男人。我思考像個男人。我就是男人。

那個小女孩所問的問題「這個陌生男人是誰？」，產生了

一種永久效應……因為每個成長中的男孩都想要成為男人，迫不及待地。每個成長中的男孩都想要舒服自在地作個男人。他想知道自己擁有男人的力量，做這個，做那個，同時在做的時候感覺舒服自在。閉上你的眼睛，真的感受一下這個小故事。（艾瑞克森停頓）。

艾瑞克森轉向瑪莉：每個小女孩有時候都想要成為一個女人。

現在，閉上眼睛，真實地強化你所有的感受，感受你的周圍環境，當你確信你已經是一個女人。現在，有些小事比一個小女孩告訴一個小男孩某件事來得重要的多，小男孩聽到之後立即改變成為一個男人。（艾瑞克森停頓。）

這個女人的名字是維吉尼亞。她有個妹妹叫德拉。我從來都不知道小女孩的名字是什麼。

我現在站在廚房裡，面向東方。維吉尼亞是小女孩的媽媽，就在我右邊幾步遠。小女孩就在我的正前方三呎遠，好奇地看著她媽媽，問著，「這個陌生男人是誰？」

小女孩是金髮的。她頭髮紮著馬尾。她穿著白色的衣服。我不知道我是否還會見到她。（艾瑞克森停頓。）

▍艾瑞克森逐字稿二的事後討論

以下是一個大概的分析，聚焦在逐字稿的隱喻和策略步驟。在第二章有更詳盡的分析。

艾瑞克森對約翰所做的催眠引導是一個隱喻——也提供一個參考經驗。艾瑞克森希望約翰進入一種「身體的心智」狀態，這對於寫作和閱讀是最理想的巔峰狀態。如果約翰可以在艾瑞克森辦公室

裡進入這種狀態，他就有辦法在自己每日生活裡創造這種狀態。注意到，艾瑞克森並沒有明顯地「明白解釋」參考經驗。艾瑞克森知道意識的過度參與會阻礙進入「身體的心智」這種獨特體驗。如果喚醒的體驗自動發生，那是最好的，就像是個案自己自動自發地採取行動。

　　約翰對於站起來的催眠暗示有個正向回應，當艾瑞克森給了一個暗示語，或是給了一個預設立場句：「你有發現自己不能站起來嗎？」為什麼艾瑞克森選擇那個催眠現象，在當下很模糊不清。這可能是作為一個說服約翰的事件，介於催眠引導和順勢運用之間。不能站起來可能有個雙關語意。可能在說跟「性功能」有關的事。又或者，這是一個關於性別的間接暗示。又或者，艾瑞克森預先看到約翰對自己的無力感，以及在婚姻裡的無力感。這個模糊的隱喻是一個待查明的線索。但事，就像我們在這個治療的後半段會看到，這是一個「策略性播種」，艾瑞克森這樣做有它的道理。

　　好的作家不會讓待查明的線索老是懸著。在小說裡，如果一個角色衝進一個火爆的場景裡，然後突然離開，在書的後半段，這個角色會重新出現，遇見相似的火爆場景。如果不是這樣，這就變成懸而未決的事項。在電影裡，一個好的劇本作家會在開始時用平淡無奇的方式帶入一個角色，然後在後面這個角色返回，在高張力的劇情裡扮演一個更重要的角色。在電影裡，所有的場景都會將劇情提升到更高境界。突然出現「讓大家摸不著頭緒」的場景，最終會讓觀眾覺得有道理。後面的場景會把前面未解開的謎題串連一起；電影裡某些道具也是同樣道理。契珂夫（Chekhov）說，如果揭開戲幕，在第一幕有把槍在火爐旁邊，那在第三幕就會有人被槍殺。

艾瑞克森透過讓瑪莉進入年齡退行的狀態來做治療。瑪莉比她老公有更多的內在聚焦和控制，瑪莉對於艾瑞克森所說的催眠暗示，包括年齡退行，說話大聲些，緩慢睜開眼睛，她都不知道該怎麼做比較好。

約翰保持在他自己的分化狀態（脖子以上保持清醒），但是他老婆在過程中有許多掙扎。然後，在幫瑪莉做了一系列的催眠之後，艾瑞克森反轉催眠效果，因此約翰可以站起來，並且感覺很棒。在暗示「你不能站起來」上，這就好像艾瑞克森早已準備在後半段某個特定時刻，運用這個催眠現象。事實上他也這樣做了，或許有個隱喻是約翰「會在他老婆面前站起來」，在這段夫妻親密關係裡。艾瑞克森的策略思考過程是：設置、治療主軸、跟進。但是，在這個過程中有些時間延遲，因為跟進步驟是晚一些才發生的。艾瑞克森這樣的做法就像是他所欣賞的那些偉大作家的創作一般。或許，他有意識地策略思考一系列過程，造成強化效果，或許，他處於一種策略思考的狀態，治療主軸從中自然流露。

在約翰和瑪莉的治療逐字稿裡，有些值得注意的例子，同時既是隱喻，又是策略思考。在跟約翰作催眠引導的起頭時刻，艾瑞克森討論了數字 3、6、9。現在，我們知道「69」是一個性暗示，而當他說到數字 3 的「三隻腳」，這也是一個性暗示。在接下來發展中，講到艾瑞克森跟他爸爸送牛奶的故事，他又再次回到數字 3、6、9。（濃縮工廠是 9 英里遠，小女孩是 6 歲，小女孩在艾瑞克森身邊走 3 遍）。

我可以假設艾瑞克森在開始時種下數字的種子，是為了在後半段回到這個事情上，他是預先構思好的。但是，也或許他處於一種

策略運作的狀態，整個過程便自然發生、浮現了。

相似地，他對瑪莉也有策略播種的運用。艾瑞克森種下一個概念「馬尾」，在後半段講小女孩的故事時，又返回到這個馬尾上，小女孩的問題幫助艾瑞克森體驗到自己不再是男孩，而是男人。

當艾瑞克森在做治療時，他會進入策略思考的狀態。策略思考的狀態意味著，他有意識地計畫某件事，但同時也是一種狀態，在其中，一些方法像是順勢運用、播種，可以自然隨性地發展。這些方法在人際互動上，像是做治療，無法事先規劃好。如果是事先規劃，這就會變成「賣弄技巧」，無法誘發喚醒式經驗。

在文學上，有個類似播種的策略思考方法，叫做「伏筆」（foreshadowing）。在音樂裡，伏筆可以是一個前奏，然後接著一個主旋律，是一個凝聚元素，策略性重複貫穿在音樂裡，創造一個主題、個性或地方。在藝術領域裡，我們可以看到類似的策略運用方法。

艾瑞克森就像一個藝術家，埋下伏筆，然後晚點再回到這個伏筆上（關於播種更多訊息，參考薩德，2006）。這個方法也稱為「啟動效應」（priming），在心理學裡有相關研究。（如果對相關學術研究有興趣，可以參考約翰・巴格〔John Bargh〕的著作和研究。）研究顯示，早期曝露在某個刺激中，會影響以後受到相似刺激時的無意識反應，會自動發生。從歷史角度來看，藝術家運用播種，這已經是他們的看家本領之一。

播種

　　藝術家和設計師經常使用啟動效應。譬如，一個建築師可以在門口運用啟動效應，創造一個主題，之後這個主題貫穿在整棟建築裡。

　　艾瑞克森是著名的播種技巧運用大師（Haley, 1973）。事實上，艾瑞克森是他那個年代唯一一個會使用播種的治療師，到今日為止，這個技巧也不常見。艾瑞克森知道如何發展一個簡單的概念。或許艾瑞克森把播種當作一個獨特技巧；或許是處於策略思考狀態下自然發展。我假設他透過閱讀小說而學會啟發效應。

　　一個類似的方法，伏筆，作家薩爾曼·魯西迪（Salman Rushdie）運用在他的書，《哈龍與故事海》（*Haroun and the Sea of Stories*, 1990）裡。哈龍是個小男孩，在故事書的一開始，他要求他說故事的爸爸解釋那些驚奇故事的起源。他的爸爸說這些是從故事海來的，有水中精靈會提供故事的訂閱和閱讀。他爸爸會去到一個隱形的水龍頭，大口大口地喝水，把自己裝滿了從故事海裡來的水，突然之間，故事就出現了。

　　哈龍不相信他的爸爸，他說：「但是（but）爸爸，如果（if）這是真的……」，他的爸爸中斷他，回應他說：「現在，你可以溫和地停止這些如果（Iffing）和但是（Butting），快樂地享受你所聽到的故事。」這些創新的詞用了大寫的「I」和「B」，當然這個文法是不正確的。但是在書的後半段，哈龍遇見了巴特（Butt）先生，隨後又遇見了以弗（Iff）先生。在這本書裡，讀者跟隨了作者所設下的伏筆和策略性暗示，作者有著很高天賦事先知道，或是他早就知道這樣的寫法有效。

啟動效應在電影裡常見。在導演伍迪‧艾倫（Woody Allen）的電影，《愛情決勝點》（*Match Point*），電影開始時有個精彩的啟動效應例子。開場時主角在背景裡說著一些旁白，背景音樂放著男高音的詠嘆調，〈偷灑一滴眼淚〉（A Furtive Tear），是義大利歌劇作曲家多尼采蒂（Donizetti）的歌劇，由義大利這名男高音，卡羅索（Enrico Caruso）演唱。在開場時，一顆網球慢動作地在網子兩邊來來回回。這顆網球向上飛在空中劃出一道弧線，落下時掉在網子上，然後又向上彈。球停留在半空中，畫面靜止，這一幕就結束了。旁白者說著運氣在一個人的命運裡扮演如何重要的角色：如果網球調到網子的另一邊，你就贏了；如果掉回你這邊，你就輸了。

　　在電影快要結束時，已經放映超過一小時，男主角從他的手袋裡拿出一個戒指，這戒指是他殺害女主角的證據，他把戒指向河裡丟。這時同樣的詠嘆調背景音樂又再次響起。被丟出去的戒指同樣地用一種慢動作的方式在空中劃出一道弧線，就像開場時的網球一樣。這個戒指掉到河邊的鐵絲網上面，但是在這一幕，戒指掉到了地上，並沒有掉進河裡。戒指掉在哪裡，會決定主角的命運。看電影的觀眾在一開場時可能沒有注意到這個伏筆，但這在下意識裡已為河邊的戒指鋪路，讓人看電影時印象深刻。

　　現在，回到瑪莉的逐字稿。在逐字稿裡有另一個值得一提的策略思考／隱喻順序步驟：當艾瑞克森試著去誘發瑪莉的年齡退行時，他用了四個順序步驟的方法來暗示年齡退行。瑪莉對於前兩個沒有什麼反應。當艾瑞克森請她緩慢地睜開眼睛時，她很快就睜開眼睛。

我們來看看艾瑞克森在年齡退行裡所用的第三步驟。艾瑞克森想要瑪莉看著他，他同時也創造了一個矛盾，他說：「當你睜開眼睛時，你會聽到我的聲音，但是看不見我。」這個方法是一種雙重束縛，在社交層面上所代表的意義跟心理層面上是不同的。瑪莉不像她老公那樣配合，她老公聚焦外在，她則是聚焦內在。相對於艾瑞克森所暗示的，瑪莉說她看見艾瑞克森了，繼續保持她的內在聚焦，以及她的主導權。她在社交層面上「贏了」，但是，艾瑞克森在心理層面上「贏了」，因為在拒絕的過程中，瑪莉會看見艾瑞克森，也就是配合了艾瑞克森的心理層面暗示，而不是跟隨她自己的衝動。

在下一步驟，艾瑞克森邀請瑪莉睜開眼睛，看見自己所做的「有點淘氣」事情。這是一個隱喻，因為瑪莉在當下所做的事有點淘氣：她只有一部分配合艾瑞克森的催眠。她看見自己在後院……跟她的狗在一起。當艾瑞克森邀請她緩慢地睜開眼睛，她有幾次是快速睜開眼睛，當艾瑞克森暗示她說話「大聲些、更平靜些」，她對著艾瑞克森溫柔地說話。因此，艾瑞克森間接地描述她已經在做的事情。艾瑞克森是運用引導導向的技巧，透過隱喻來呈現他們之間的互動關係。

▎回顧

在第一章，我們探討了喚醒式溝通在治療師狀態裡的三種主要元素：引導導向、策略思考、順勢運用。在實戰中，他們是緊密相連的。這些方法是用來誘發獨特體驗，喚醒更好的狀態和身分。

這一章裡所討論的引導導向方法，包括了：

- 隱喻和類比
- 強化溝通
- 心理層面溝通
- 語氣強化，包括說話的聲音方向
- 催眠語言，像是預設立場句

策略思考的方法包括：

- 三步驟過程 SIFT（設置、治療主軸、跟進）
- 遞迴做法
- 連結
- 播種
- 設置然後顯現（把懸而未決的事情結束）
- 用細微策略步驟前進
- 創造凝聚力
- 用暗示的方法跟進，鼓勵帶出動機
- 運用戲劇張力
- 精準

順勢運用的部分有太多可以列出來，這一章裡我們有提到：

- 順勢運用阻抗
- 順勢運用病症
- 順勢運用個案所說的隱喻
- 順勢運用手邊的物件
- 順勢運用治療師的風格個性

關於引導導向、順勢運用和策略思考有太多技巧可以列出來。例如我們可以提供一個策略性作業來看看個案是否有動機改變。催

眠引導是一種策略方法，用來建立無意識的反應等等。一個良好練習必須在這三個元素底下包括一些其他小元素，這需要更多研究和鍛鍊。但我們要牢記在心，方法的好用與否取決於個案的反應和效果，而不是治療師有多聰明地運用技巧。

當我研究艾瑞克森，我思考他是處於怎樣的狀態，我讓自己也處於類似的狀態，用來誘發我的個人獨特風格。

在第二章，我提供了艾瑞克森與莎莉、約翰以及瑪莉的治療逐字稿。在第三章、第四章，你會看到我的示範案例以及經驗式練習，我運用這些來教導學生們成為更好的經驗式治療師。

艾瑞克森催眠治療經典案例對話稿：薩德博士講評解析

　　以下兩段治療過程，「婚姻治療」以及「處理阻抗」，是多年前艾瑞克森在同一天所做的兩個治療*。以下是這兩段治療的對話逐字稿，加上一些編輯。我在過往的評論裡又增加一些新的評論，呈現了今日的我對治療經驗的反思。我們高興能夠再次整理這些逐字稿，也發現了我過去沒有看到的艾瑞克森創新之處。呈現這些逐字稿的目的，是闡明喚醒式溝通如何進行與如何實際運用。在上一章我們檢視了喚醒式溝通的觀點，各自獨立的參考框架。在第二章，讀者們會瞭解這些元素如何在治療過程中交織在一起。

---

* 兩段治療都有視頻：Erickson-Foundation.org，你可以線上購買觀看。

處理阻抗

　　1979 年的 8 月，艾瑞克森醫師在在亞利桑那州鳳凰城的住家
工作處接受我助理的錄影，因為我想要有個關於他教導過程的影
像紀錄。這個視頻錄影是在他過世前七個月拍攝的。這個工作坊
的逐字稿紀錄在我所編輯的第一本書，《跟大師學催眠》（Zeig,
1980）。當時，學生的背景多元，來自世界各地，包括義大利、德
國、瑞士。在工作坊裡，艾瑞克森討論他的方法，示範催眠和心理
治療。團體大多數學生花了整整五天浸泡在工作坊中。

　　當時，艾瑞克森身體很虛弱。他在十八歲時患了小兒麻痺症，
終其一生都在忍受症後疾病的痛苦。我在 1973 年遇見艾瑞克森
時，他只能坐在輪椅上活動。他可以費盡千辛萬苦，很痛苦地將自
己從輪椅上搬移，坐到辦公室椅子上，但 1979 年舉辦這個工作坊
時，他再也沒有力氣將自己搬到辦公室椅子上了，只能一直坐在輪
椅上。他的手臂不太能活動；他的雙腿完全無法動彈；聽力和視覺
也受損（眼睛會看到重疊影像）。他透過幾個胸腔肌肉和半個橫隔
膜來幫助呼吸，身體有長期慢性疼痛。他無法戴假牙；曾經很享受
演員般豐富變化的聲音的他，必須重新學習如何在沒有牙齒的情況
下發音清楚。他也有先天性色盲，只穿紫色衣服，因為這是他唯一
看得清楚的顏色。受到疾病影響，他所有寬鬆的衣服都是手工訂做
的，這也方便艾瑞克森太太幫助他穿衣服。

　　以下是五十分鐘治療的摘要，加上我的評論，在這個工作坊，
艾瑞克森對一個學生「莎莉」做了一個催眠引導。我很榮幸在之後
有機會可以跟艾瑞克森親自討論這個個案，因此我們可以進一步瞭

解他在催眠裡做了什麼。《跟大師學催眠》這本書有五小時詳盡討論的逐字稿。

讓艾瑞克森去分析他自己所做的治療，是非常難得的。通常，他只是做治療，並不會評論或討論，而是留給其他人去分析解釋。但是在某些極少見的情況下，就像是他與瑪格麗特・米德（Margaret Mead），葛瑞利・貝特森（Gregory Bateson），傑・海利（Jay Haley），特別是與恩尼斯特・羅西（Ernest Rossi），他會與這些人討論他做了什麼治療以及催眠過程。

現在，讓我們回顧一下當時艾瑞克森做治療的場景和背景。這些治療是發生在艾瑞克森辦公室的等候區。這個等候區是由一個很小的客房改建而成，與艾瑞克森住家在同一個庭院裡，走兩步路就到艾瑞克森家。從 1970 年直到 1980 年 3 月過世，艾瑞克森都住在那個房子裡。當時，他已經退休了，很少看病人。但是，大概是 1975 年開始，艾瑞克森突然名聲大噪，就好像他發展了全新職業，舉辦專業工作坊，他就在自己家裡的客房舉辦這些工作坊。這次過程，大概有十個人擠在小小的辦公室等候區，認真學習艾瑞克森的催眠治療。

艾瑞克森治療的核心價值是順勢而為。順勢而為的最高指導原則是不論個案帶來什麼東西——不論在當下有什麼東西存在——都可以被治療師順勢而為地運用，達成治療和催眠的效果。當莎莉遲到了，艾瑞克森便運用莎莉的行為、動作以及社交模式來誘發催眠狀態。

在這個討論過程中，我們會提到的一個重點，是引導自由聯想。艾瑞克森是推論溝通的大師，當他在做治療時，他通常會選擇

不同程度的治療方法。在這個案例上，艾瑞克森並沒有改變個案的想法；他沒有嘗試把負面想法替換成正向思考。相反地，他引導一個自由聯想的過程，建立行為間的關聯，因此在無意識的層面，這些聯想連結會幫助莎莉做出更有效益的行動。

透過研讀這份逐字稿（以及觀看視頻影片），學生們可以學習進階的催眠和心理治療技巧——艾瑞克森通常不會寫下這些技巧，學生必須自己心領神會。艾瑞克森聚焦於如何運用喚醒式溝通產生個案的深刻體驗，他的治療方法就是一個巨大寶庫，我們窮盡一生也無法概窺全貌。我希望學生們可以透過這本書學到艾瑞克森千變萬化的方法和技巧，運用在自己的治療工作上。

在星期一，工作坊的第一天，克莉絲丁這個學生有幸坐在綠色椅子上，擔任艾瑞克森的個案。在艾瑞克森的工作坊中，綠色椅子就是個案的椅子。在星期二，艾瑞克森選了羅莎作為個案，她是一個義大利家族治療師，當時就坐在綠色椅子上。羅莎的個案大概進行二十分鐘之後，另一個女人，莎莉，姍姍來遲進到工作坊。莎莉星期一沒出現。在艾瑞克森的工作坊遲到是一件很罕見的事情，因為他的工作坊通常要排隊等待六個月才能參加。

在莎莉進來之前，艾瑞克森說了些笑話，展開當天的工作，同時也做了些催眠，在學生團體中喚起一些兒時回憶和兒時歡笑。接著，他講了一個個案故事，關於一個十一歲小男孩的尿床問題。這個故事的重點以及如何做順勢運用，在當時並不是特別清晰，接著，大概二十分鐘之後，莎莉進來了。

艾瑞克森（以下簡稱「艾」）：這是什麼？

莎莉（以下簡稱「莎」）：我在等一個好時機進來辦公室，讓我們看看是否我可以找到張椅子坐下。

艾：我可以在任何時機重新開始。進來吧、進來吧，找個位子。

莎：後面是否有位子？（莎莉指向房間的後面。）

艾：（對著坐在綠色椅子上的羅莎說話。）你不能移動位置過去嗎？你可以在這裡再放一張椅子。（艾瑞克森指向他左邊的一個空位。艾瑞克森接著指向一張椅子，一個男的將一張折疊椅打開，放在艾瑞克森左邊。莎莉坐在艾瑞克森旁邊，雙腿交疊。）

艾：你不需要交疊你的雙腿。

莎：（笑了）我就想你可能會這樣說。好的。（莎莉雙腿不交疊了。）

艾：我們來自國外的訪客可能不知道，「一個圓，一塊錢，一個十點鐘的學者（A dillar, a dollar, a ten o'clock scholar）」，但是你知道這個押韻詞，不是嗎？

莎：我不知道。

艾：（露出不相信的表情。）你從來沒有學過一個圓，一塊錢，一個十點鐘的學者嗎！？

莎：我不知道接下來的句子是什麼。

艾：老實說，我也不知道。

我們來看看這個開頭的對話在說什麼。首先，艾瑞克森對莎莉說：「你不需要交疊你的雙腿」。莎莉很快做出反應，把腿放下，

呈現一個開放姿勢。艾瑞克森想要莎莉對他的建議保持敞開，這是他為什麼要求她把腿放下。然而，莎莉的口語回應並不像她的身體回應那樣配合：「我就想你可能會這樣說，」這句話展現她跟艾瑞克森平等地位。因此，這看起來像是她在身體層面配合，但是在口語表達上有自己的主見。

然後，艾瑞克森做了一件令人困惑的事。他引用了一個搖籃押韻句，當中有個詞「dillar」是他自己發明的詞，加上一個不合理的句子，「十點鐘的學者」。現在，這個句子就算是美國人也可能聽不懂。然後，這個句子對莎莉和其他學生來說更是一頭霧水。這個搖籃押韻句是有點荒謬的：「一個圓，一塊錢，一個十點鐘的學者……」莎莉的回應是，「我不知道剩下的句子是什麼。」艾瑞克森回應她說：「老實說，我也不知道。」但是，艾瑞克森其實是說了個善意的謊言，因為這個搖籃押韻句完整的說法是：

一個圓，一塊錢，
一個十點鐘的學者。
你為何來得如此快？
你過去都是十點鐘來
現在你到十二點才來。

明顯地，艾瑞克森其實知道整段搖籃押韻句，因為當他這樣唸時，他是在間接暗示莎莉的遲到。艾瑞克森的風格就是當別人說著直接的言語，做直接了當的行為時，他也會說些直接的話。相似地，如果某人在無意識層面做了些事，艾瑞克森會在相同的層面做

回應。當莎莉遲到，艾瑞克森在一個間接層面評論。他透過唸一段搖籃押韻句來告訴莎莉她遲到了，同時他阻斷了莎莉的意識思考，創造緊張和刺激，而不是那種莎莉可以放鬆下來的舒服環境。接著，他沒有允許莎莉問他這個搖籃押韻句是什麼意思，這也讓艾瑞克森保持在上位者的位置。

艾瑞克森也用播種和埋伏筆的技巧，建立了未來目標的參考點，在這個案例是年齡退行。他引導莎莉回想自己的童年，因為他接下來要誘發她的童年回憶和經驗。

瞭解艾瑞克森所說的是一回事，但掌握其中涵義則是另一回事。艾瑞克森是一個喚醒式溝通者，他看重社交層面的溝通以及心理層面的含義，這會造成一種獨特體驗。艾瑞克森會創造一種模式，用間接方式溝通，鼓勵個案，就像這個案例裡的莎莉，因此莎莉必須認真去感受艾瑞克森在暗示什麼。這個方法有效——瞭解暗示的內容——這會幫助學生和個案建立正向的新奇連結，最終引導新行為發生。

我們接著看下一段，看艾瑞克森醫師如何與莎莉工作。

艾：你現在感覺舒服些了嗎？

莎：不，事實上，我在上課進行到一半走進來，我感覺……嗯嗯……

艾：我以前從來沒有見過你。

莎：嗯嗯，去年夏天我見過你一次。我跟一群學生進來。

艾：上次你有進入催眠嗎？

莎：我相信我有，是的（莎莉點點頭）。

艾：你不確定？

莎：我相信我有（再次點點頭）。

艾：只是一個信念？

莎：嗯嗯。

艾：只是一個信念而不是現實？

莎：這兩者應該一樣吧。

艾：（艾瑞克森看起來很吃驚。）一個信念是一個現實？

莎：有時候。

艾：有時候。你相信你去年進入催眠狀態，這是一個現實或是
　　一個信念？（莎莉笑了，清一清喉嚨。她看起來很尷尬，
　　有些不自在。）

莎：這有關係嗎？（大家都笑了）

艾：這是另一個問題。我的提問是：你的信念是一個信念，還
　　是一個現實？

莎：我覺得兩者都是吧。

艾：現在，一個信念可能不是現實，也可能是現實，然後你的
　　信念可以同時不是一個現實，也是一個現實？

莎：不，它既是一個信念也是一個現實（抬起頭來，搖搖
　　頭）。

艾：你是說，這兩者同時是一個信念，可以是一個現實，或不
　　是一個現實？它也是一個現實？現在，到底是哪個？（莎
　　莉笑了。）

莎：我現在真的不知道了。

艾：很好，你怎麼不早說呢？（莎莉又笑了）

以上是艾瑞克森示範困惑技巧的一個例子——這是艾瑞克森舉世聞名的能力。事實上，艾瑞克森認為這是他對催眠界以及心理治療學界最偉大的貢獻之一。艾瑞克森說每個催眠引導都有困惑元素在其中。困惑技巧的目的是創造一個未分化的意識覺醒。一旦你創造出覺醒，就能夠運用其中能量。困惑技巧的目的是中斷意識的習慣模式。困惑技巧在清醒意識狀態以及催眠狀態間是作為一個轉換站。在傳統催眠裡，讓個案保持在放鬆狀態很重要。對艾瑞克森而言，最重要的事是個案對他的暗示技巧產生反應。他的催眠技巧會調節緊張的程度，不必然要個案保持放鬆和冷靜。

　　困惑技巧可以透過兩極化的概念創造出來，將這些概念拉升到最強烈的狀態，就會產生困惑和覺醒。

意識	瞭解
無意識	不瞭解

　　譬如，如果我們運用「意識」和「無意識」，「瞭解」和「不瞭解」，直接運用這兩個極端的概念，稍微做些變化，他們會創造出緊張和困惑。以下是一個例子：

　　你有一個意識心智和一個無意識心智，你的意識心智可以瞭解，你的無意識心智可以瞭解你的意識心智所瞭解的東西。但是一次又一次，會有些不瞭解出現，你可以有意識地不瞭解你的無意識心智所瞭解的東西，或者，你可以下意識地瞭解你的無意識的不瞭解。但是這種意識的不瞭解，關於你的無意識所瞭解的，有別於另

一種無意識的不瞭解，卻是你的意識所瞭解的，但是你真的無法瞭解，直到你做了個深呼吸，閉上眼睛，真的進入內在。

創造出困惑和緊張的目的是，當我們運用困惑和緊張的技巧之後，人們通常會接受接下來給出的暗示並作出反應。人們討厭不確地性，困惑創造了一個不確定性，人們會有個傾向去抓住隨之而來的明確指令和暗示。因此，正向的催眠暗示應該放在困惑技巧之後。

艾瑞克森並不會像我一樣運用兩個極端概念，關於意識和無意識，關於瞭解和不瞭解這種困惑技巧。相反地，他順勢運用莎莉的話語。莎莉說到她自己相信某些東西，而艾瑞克森立即接著說著信念和現實，一個現實可以是一個信念。順著個案的話，艾瑞克森順勢地創造了困惑和緊張，這比使用標準的困惑技巧更有效、更打動人心。

很重要的是，治療師要研究個案的個人風格，包括說話模式和穿著；也要研究個案的行為，包括言談舉止、身體姿勢、說話聲音和速度；還要研究個案的個人價值觀，包括信念和觀點，然後治療師就可以透過個案的「濾鏡」順勢運用某些技巧，或是透過個案的世界觀來看世界。

莎莉說話總是含糊其辭。當被問到一個信念是否是一個現實，她對艾瑞克森說：「我覺得或許兩者都是。」所以，她不願意下定論，但同時她在說話上想要跟艾瑞克森在同等的高度，因為艾瑞克森總是輕易地成為一個在上位者。催眠治療師的一部分工作是修正個案的錯誤觀念，而艾瑞克森運用他的高超技巧得以輕鬆地保持他

的主導地位。

艾瑞克森何時會減少緊張？當莎莉對某個看法變得比較肯定時，他就稍微鬆開一點點——當她說，「我現在真的不知道了。」艾瑞克森的焦點就放在幫助莎莉變成比較明確和肯定。當莎莉變得肯定時，艾瑞克森同時也給予肯定和強化。

艾瑞克森做了三件事來增加緊張：（一）他無預警地要莎莉坐在他身旁，當時莎莉傾向於坐在房間後頭；（二）他唱誦了搖籃押韻句；（三）他順勢運用困惑技巧。艾瑞克森經常帶著策略頭腦演出誇張戲碼，然後在誇張戲劇結束時，幫助個案達到一個理想的心理狀態。

現在，我們再回到剛才的對話，艾瑞克森詢問莎莉，為什麼花了這麼久時間才回答一個信念到底是一個現實還是不是一個現實。

莎：這個我也不知道。

艾：你感覺舒服嗎？

莎：（溫柔的聲音）喔，我感覺好多了，是的。我希望在座大
　　家沒有因為我的中途進來而受到打擾。

艾：你沒有感覺不自在？

莎：嗯嗯……我比較希望坐在後頭，但是……

艾：不會被看到？

莎：不會被看到？是的，或許吧。

艾：你說什麼？

莎：不顯眼的。

艾：你不想要變得顯眼？

莎：喔，天啊！（莎莉笑了，再次看起來很不自在。她用左手掩嘴，清了清喉嚨。）不……不……不……不是這樣……

艾：你不喜歡我現在對你做的事？

莎：嗯嗯……不。好吧，我感覺很複雜。我對於自己所受到的關注受寵若驚，同時我又很好奇你所說的話。

艾：（中斷莎莉的說話。）你希望我他媽的停止說話！！（其他人都笑了。）

莎：嗯嗯……複雜的感覺（她點點頭）。如果我只是跟你說話，而沒有打斷其他人，這會簡單得多，但是……

艾：所以你在乎其他人？

莎：恩，是的，我……

艾：嗯嗯。

莎：……他們寶貴的時間……我在他們上課的時間走進來。

艾：（看著自己前方的地板──對著其他人說話。）現在，讓我們來放下另一個人們堅信的信念：在做治療時，你應該要讓個案感受到輕鬆和舒服。我盡我所能的讓她感覺不舒服，顯眼而被看見，讓她很尷尬，這聽起來不像是一段良好的治療關係的展開，是嗎？（艾瑞克森看向莎莉，然後抓著莎莉的右手手腕，緩慢地提起莎莉的手腕。）

艾：閉上你的眼睛。（莎莉看著他，微笑，向下看著自己的右手，然後閉上眼睛。）保持你的雙眼閉著。（艾瑞克森放開抓著莎莉手腕的手指，讓莎莉的右手像是僵住不動地懸在半空中。）深深地進入催眠裡……感覺非常舒服（莎莉的手稍微掉下來一點。然後，艾瑞克森將莎莉的手緩緩地

向下壓。他緩慢地，有條不紊地說話。）

當這段過程發生，艾瑞克森在跟莎莉說話時，旁邊義大利的治療師，羅莎，用一種防衛的姿勢坐著：羅莎的雙手和雙腳都交疊著，她的身體遠離艾瑞克森。我們記得，羅莎在一開始被艾瑞克森叫到另一邊坐著。在那天的開始，艾瑞克森說羅莎是當天的主角，他會跟羅莎做治療，但是當莎莉遲到時，他就開始跟莎莉工作了。我們晚點再回來看這個部分，因為這個工作坊的人際關係背景很重要。

莎莉告訴艾瑞克森她不想要被過度關注，雖然她言語上說不要，她的行為表現卻不是這樣。她遲到了，穿著一件休閒的背心，然後說她不想要被關注，說她想要坐在房間後面。因此，她的語言和非語言行為有很大落差，艾瑞克森很清楚地注意到這點。在整個治療過程中，我們會有多次看到這種言行不一致的現象。

當艾瑞克森開始催眠，這是一個驚奇的催眠引導……這是奠基於催眠現象裡的手臂懸浮。但是在艾瑞克森做手臂懸浮之前，他暗示了舒服放鬆，他透過改變他的語氣和聲調，以及說話方向來做暗示。艾瑞克森對著地板說話，也使用柔和語氣。然後，他用了身體感受的詞語，像是「舒服」和「放鬆」。他說：「現在，讓我們放下另一個堅信的信念：在做治療時，你應該要讓個案感到放鬆和舒服。」而當艾瑞克森這樣說時，莎莉把焦點轉回到內在，讓身體放鬆。

艾瑞克森知道人們如何對暗示做出反應。人們會對說話語調、速度以及聲音的方向做出反應。當他對莎莉說話時，他運用了兩種

說話語調。一個語調表明著「現在我對你的意識心智說話」，另一個柔和語調表示「我現在對你的無意識心智說話」。當艾瑞克森放軟語調說話，同時看著地板時，這就好像他的說話變成莎莉的內在對話聲音。再一次，他創造了一個個案可以自由回應的肥沃土壤——他想要莎莉不僅是對他的言語回應，也對他的聲音語調、說話速度以及說話方向作回應。

接著，艾瑞克森使用了令人驚奇的手臂懸浮催眠引導。他伸出手來，把莎莉的手提起。他也在刺激解離現象。他沒有看著莎莉的手，他看著莎莉，確保莎莉也是看著他。同時，他提起她的手。這其中的暗示是，莎莉會經歷手臂懸浮，保持她的手臂處於麻痺僵硬的狀態。然而，當莎莉之前抗拒，把手臂慢慢放下來，艾瑞克森很同頻地順勢把莎莉的手向下壓。他在處理阻抗這件事情上總是保持在上位者的主導權。

但是，莎莉在手臂懸浮上失敗了，這創造了一個懸而未決的事項，這在後半段很重要。因為艾瑞克森是個策略思考者，如果有懸而未決的事，你可以確定他最終會回到這件事上。在催眠引導的最後，莎莉終於在艾瑞克森的引導下體驗到手臂懸浮。

讓我們來看下一段——年齡退行催眠引導——最主要是暗示回到過去。艾瑞克森運用了幾種方法，包括用言語來暗示可能性（例如「或許」）、間接說法、固定說法、提升專注力，讓莎莉可以對於回到過去這件事做出回應。這個年齡退行在艾瑞克森剛見到莎莉時就已經開始播種。記得，他唱誦了一個搖籃押韻句，從而種下一個種子，莎莉最終會想起兒時回憶。

艾瑞克森接著說：

艾：……非常放鬆，真的好好享受……感覺……非常舒服……
這麼舒服……你可以忘記一切事情……只記得一個美好
的舒服感受。等一下……你會感覺你的頭腦離開你的身
體，漂浮在這個空間裡；回到過去……（長的停頓）……
再也不是 1979 年或是 1978 年，然後 1975 年就在你的未
來，（艾瑞克森身體向前傾，靠近莎莉，）1970 年也在
你的未來，時間不停往回跑。很快就會是 1960 年，再來
是 1955 年……然後你會發現這是 1953 年。你將會知道你
是一個很棒的小女孩。做一個小女孩很好。或許你期待著
你的生日派對……或是期待去上學。或許現在你正坐在教
室裡看老師上課，又或許你在草地上玩耍，在學校的操場
上，又或許現在是放暑假的時候。（艾瑞克森坐回去。）
你真的可以享受一段美好時光。我想要你好好享受……做
一個小女孩，有一天你會長大。（艾瑞克森再次傾身向
著莎莉，）或許你很好奇長大之後你會是什麼樣貌，或
許你很好奇變成大女孩之後你會做些什麼。我很好奇你是
否會喜歡高中，你也可以對這個感到好奇。我的聲音伴隨
你去到任何地方，我的聲音變成你爸媽的聲音，你老師的
聲音，你玩伴的聲音，風的聲音，雨的聲音……（長的停
頓）……

現在我們來看看起頭的對話，關於「舒服」。艾瑞克森的方
法是，不直接對人說「放鬆」，但他可能用一個預設立場句，加上
一個助動詞，譬如他可能說：「我想要你享受放鬆。」這個句子預

設了個案可能會放鬆。然後，整個句子重點就在於個案是否能夠享受放鬆了。相似的說法，治療師可能說：「我想要你享受舒服」或是「我想要你享受平靜」。再次提醒，那個重點就在於個案是否能夠享受這些預設狀態。預設立場句是一種聚焦在深刻體驗的溝通方法。

同時，當艾瑞克森做了年齡回溯——當他往回數數字，往回算時間時——他透過身體姿勢的改變來強調年齡回溯的過程，他身體往下移動，象徵著個案更深進入催眠，也回到更早的過去。艾瑞克森看似精準地知道莎莉的年代歷史，因為當他帶莎莉回到 1953 年時，那時莎莉正好是八歲。

艾瑞克森想要莎莉更加深入體驗催眠，因此他開始使用更多的可能性字句——這些字句跟莎莉的個人風格正好相符合，她喜歡說模稜兩可的話。艾瑞克森開始說一系列的「或許」，加上現在式的語句用法，這提供莎莉一個自由發揮的空間：「或許你在學校裡；或許你在玩耍……」這讓莎莉在年齡回溯的過程中有自由聯想的空間。並不是他的暗示增強了情境，是莎莉的反應——莎莉自己的自由聯想創造了真實效果。

艾瑞克森在農村長大，他很熟悉如何栽種植物。某種程度上，這段催眠引導就像是在一整片菊花中逆向栽種一株熱帶花卉植物，菊花通常比較容易生長。他對莎莉說「或許這個，或許那個」，在或許的語句中，他加入了一些更肯定的語句——他的聲音會伴隨她去任何地方。然後，他又植入更多的「或許」。

以下是一個視覺圖像，代表艾瑞克森在催眠過程中所做的事：

在一整段無聊、反覆述說的背景說話裡，艾瑞克森植入一個概念，我的聲音會伴隨你到任何地方。重複的「或許」變成是一種噪音，一個更加肯定的概念變得突出顯眼。大腦是一個錯誤偵察器，會自動忽略重複的地方。艾瑞克森接著引導她，透過加入更明確的概念句子，來忽略那些重複的「或許」。然後，他用另一個「或許」來做為結尾，就像是把更明確的概念植入她的無意識裡。

當艾瑞克森告訴莎莉，「我的聲音伴隨你到任何地方」，他不僅暗示著年齡回溯，同時也暗示著不明確的未來。然後他接著說：「我的聲音改變成你父母的聲音，你老師們的聲音，你玩伴們的聲音，以及風和雨的聲音……」這對一個小孩來說很容易理解。這就好像艾瑞克森對著小孩的超我講話（父母親和老師），對小孩的自我講話（玩伴們），對原始的力量講話（風和雨）。艾瑞克森說一個小孩會知道什麼是風和雨，但是不會發出聲音。小孩子從四面八方體驗到風和雨。

艾瑞克森透過逐漸堅定的口吻來幫助莎莉。他的聲音帶著自信與承諾，這跟莎莉腦海中的聲音是不一樣的，莎莉腦海中的聲音有些驚恐，帶有不安全感。艾瑞克森在做的事是重塑父母親的功能。他將堅定有力的話語植入在莎莉腦海中，創造治療效果。

莎莉一開始並沒有想要接受治療，但是我們都知道，艾瑞克森的工作坊裡總有人要當催眠個案，接受艾瑞克森治療。辦公室裡的

其他也沒有要求做治療學生們，也都跟著莎莉的催眠得到了療癒。不僅僅是主要個案得到治療，其他的學生也獲益良多。

　　艾瑞克森引導著莎莉的思考和感覺，但莎莉是否對於這些細微技巧做出反應？在下一段，艾瑞克森讓這個催眠更具互動性。

　　還記得在第一章，我們有討論到隱喻。在這裡我們看到更大的情境背景。

　　艾：有時候，當你是一個大女孩時……你會遇到很多很多人……你會跟他們說一些你小時候做個小女孩快樂的事情。當你感覺到更舒服，你就更像是個小女孩，因為你是一個小女孩。（細微的聲音。）現在，我不知道你住哪裡，但你可能想要光著腳走路。你可能想要坐在你的游泳池旁邊，把你的雙腳在水裡晃呀晃，期待有一天你學會游泳（莎莉微笑了）。然後，現在你想要吃你最愛的糖果嗎？（莎莉微笑，點了點頭。）糖果在這裡，你可以感覺糖果在你嘴巴裡……好好享受吧！（艾瑞克森碰了她的手；長長的停頓；然後坐回椅子裡。）

　　一旦催眠情境建立了，治療師可以誘發催眠現象。催眠現象的誘發可以是一個催眠深化的技巧，也是一個強有力的說服，讓個案知道自己正處於催眠狀態。說服可以有很多形式，包括手臂懸浮、年齡回溯、時間扭曲、失憶、強化感官，或是喚起回憶。艾瑞克森選擇一個催眠現象，用來建立催眠反應，也證明給莎莉看，莎莉透過糖果的催眠幻覺可以進入更深的催眠狀態裡。艾瑞克森不會隨便

選擇催眠現象。當他選擇使用某個技巧時，一定有心理層面的隱含意義。

我們記得，莎莉退回到小孩子時期⋯⋯然後每個小女孩對於糖果都會怎樣做？小女孩會學習「不要從陌生人手上拿糖果」。因此，當莎莉從艾瑞克森手上拿了糖果，這不僅僅是一個催眠現象，這也是一種信任的表現——莎莉信任艾瑞克森。對莎莉而言，艾瑞克森不是陌生人了。我問艾瑞克森，這是否就是他選擇運用糖果的用意，他說是的，沒錯。但他同時特別指出，他說的是莎莉最愛的糖果，然後接著說：「陌生人怎麼會知道小女孩最愛的糖果是什麼？」他慈祥而正向地向我指出，我沒有注意到他如何「安排」這些催眠步驟的順序。艾瑞克森不是僅僅提供治療，他運用一個喚醒式治療過程。

艾瑞克森在這段催眠的開始說：「⋯⋯但是，你或許想要光著腳走路。你或許想要坐在你的游泳池旁邊，在水裡晃著腳，想著有一天你學會游泳。」當艾瑞克森這樣說時，他創造了兩種自由選擇的可能性。是的，莎莉可以光著腳，是的，莎莉可以坐在游泳池旁邊把腳泡在水裡晃。只有當艾瑞克森建立了一個「是的組合」，這時候才提供一個催眠暗示，她最愛的糖果。然後當他假裝給予莎莉那個糖果，他說：「這是你最愛的糖果。現在你可以感覺糖果在你嘴巴裡，你可以好好享受。」

艾瑞克森做了治療準備工作，介入，然後跟進。這是我從他身上學到最重要的一門課之一，因為你在治療介入之前和之後的工作，會決定治療的有效程度。同樣的過程在網球運動上也看得到。有一個準備動作，然後是球拍與球觸碰前的揮拍，球拍接著碰到

球，然後是手臂的跟進動作，保持球拍的收拍穩定姿勢。艾瑞克森經常用這種過程，他不僅運用直覺——雖然我很確定他的直覺會引導他做治療——他同時也思慮周密，謹慎小心地進行每一步驟。譬如在莎莉的個案上，他運用了「或許」，和「可能」來作為準備工作。然後透過給糖果來誘發莎莉的信任。

她年齡回溯到小時候，有人給她糖果，但她要真的信任艾瑞克森才會拿糖果，而事實上她是如此信任他。在跟進的階段，他給她一個愉悅的體驗，他暗示她，「感受這個糖果」在她嘴巴裡，「好好享受糖果」。在治療後的跟進給了一個鼓勵，暗示她可以「享受」糖果，而這也是艾瑞克森一貫的風格。

傳統上，催眠現象會被用來當作說服的指標，艾瑞克森是第一個把催眠現象當做治療主軸以及象徵來運用的人。他也運用了多層次溝通，這需要個案花精力去「拆開」包裝的禮物內容是什麼。

現在，在催眠引導階段建立了一個象徵，艾瑞克森接著進行另一個象徵體驗：手臂麻痺。

艾瑞克森這段的催眠引導運用溫柔柔和的聲音，用一種很慢的速度給出暗示，給莎莉充足的時間去思考和感受他所說的話以及話語的意義。

艾：有時候當你是個大女孩時，你會告訴許多陌生人你在小女孩時最愛的糖果是什麼。

艾：有很多要學的東西……有太多事情要學習。現在，我給你看一個要學的事。我將會拿起你的手。（艾瑞克森提起她的左手。）我將把你的手提起來，拿到你肩膀的地方放

著。（艾瑞克森緩慢地提起莎莉的左手腕，放在她右臂的肩膀上。）就停在那裡，我想要讓你的手臂麻痺，所以你的手臂無法活動。你無法移動它，直到我說可以動為止。就算你是個大女孩也不行，就算你是大人了也不行。你無法移動左手臂，直到我說可以動為止。現在，首先，我要你在脖子以上清醒過來，同時身體進入更深更深的睡眠中。你將會從脖子以上清醒。這很難，但是你可以做到。

在這一段的剛開始，艾瑞克森無法讓莎莉對手臂懸浮有反應。因此，他麻痺了她的左手。再一次，這是催眠現象的象徵性運用。艾瑞克森可以用幾種方式去麻痺手臂。他可以讓她的手在垂下時麻痺，也可以讓她在手伸直時麻痺，手掌心向上，一種象徵懇求的姿勢，或其他任何方式，但是他選擇把她的手放在一個舒服的位置。

艾瑞克森按部就班地進行，儘管他的每一步都很細微，這些步驟都會產生滾雪球效應。他給莎莉一個催眠後暗示，她會無法移動她的左手臂，直到艾瑞克森說可以動為止，就算她頭腦清醒也不行。接著，他進入一個催眠互動對話裡，一種在催眠裡的對話。他創造了一個解離——另一個催眠現象——莎莉的身體保持在催眠狀態裡，但是她脖子以上是清醒的，然後他們接著開始對話。

艾：這感覺很好……你的身體沉睡著；你的手臂麻痺了……（莎莉微笑著，眼皮振動著）……然後脖子以上是清醒的。現在，你幾歲？（莎莉停頓，然後微笑。）你現在幾歲？（艾瑞克森傾身靠向莎莉。）

莎：（溫柔地說）嗯……三十四歲。

艾：（點點頭）好的。你現在三十五歲……你為什麼閉著眼睛？

莎：這感覺不錯。

艾：好的，我想，接下來你的眼睛會睜開。（莎莉微笑，眼睛繼續閉著。）

艾：他們將會睜開，不是嗎？（莎莉清清喉嚨。）你的雙眼會睜開，並且保持睜開。（莎莉微笑，用舌頭滋潤一下嘴唇，睜開眼睛，眨眼。）我說對了。（莎莉瞪著前方看。）你在哪裡？

莎：我想我在這裡。

艾：你在這裡？

莎：是的。

艾：當你是小女孩時，你有哪些回憶？有些事你可以跟陌生人講。（艾瑞克森傾身靠向莎莉。）

莎：嗯，是的……

艾：大聲點。

莎：（清清喉嚨。）我，嗯，我記得，嗯，一條街道，一個後院，以及，嗯嗯……

艾：你有爬那些樹嗎？

當艾瑞克森建立一種狀態，莎莉可以在脖子以上清醒，他問了「你現在幾歲？」在那個當下，她可以選擇說出真實的年紀，她也這樣做了，或是她可以選擇說年齡回溯的年紀，如果她還在催眠

狀態裡的話。當她說三十四歲時，艾瑞克森犯了一個錯誤，回應她說「你現在三十五歲。」然後，在下一段對話裡，他又犯了一個錯誤。她說：「我記得一條街道（street）和一個後院。」他沒有聽清楚，回應她：「你有爬那些樹（trees）嗎？」（英文 street and trees 這兩者發音接近）。艾瑞克森誤把「街道」（street）聽成「樹」（tree）了。在這段與莎莉溝通中，艾瑞克森犯錯時顯得很有自信且自在。（我認為艾瑞克森知道自己說錯了，我或許猜測錯誤，但是他確實表現得很有自信，而且在之後的時刻，他看起來是故意犯錯。）

艾瑞克森問莎莉：「你在這裡嗎？」然後她回答說：「我想我在這裡。」她似乎不確定自己是在此時此刻，她會模稜兩可的一部分原因是她不想犯錯，所以她很小心翼翼地回答問題。在艾瑞克森的自信態度和莎莉的懷疑態度、不表態的行為上，兩者是明顯對比。

莎：（溫柔的說話聲音）不，他們是小棵的植物。嗯……還有一條小巷。

艾：在哪裡？

莎：在兩排屋子間的小巷道。所有的小孩都在後院玩耍，在後面巷子玩。玩耍……嗯……

艾：這些小孩是誰？

莎：你是問他們的名字嗎？

艾：嗯嗯。

莎：你指他們的名字嗎？喔，好的，嗯……（莎莉首先看向右

邊，然後她看著艾瑞克森。艾瑞克森傾身靠向莎莉。她的
左手仍然靠在她的右邊肩膀上，她的眼神不跟屋子裡其他
人接觸。）好的，我記得瑪莉亞和伊蓮，大衛和喬治白，
喬治白……

艾：貝姬？

莎：（說話大聲點。）喬治白。

艾：當你是小女孩時，你是怎樣看待自己長大之後成為一個大
女孩？

莎：我想，嗯，我會是一個太空人，或是一個作家。（莎莉做
了個鬼臉。）

艾：你覺得這個將來會發生嗎？

莎：我覺得其中一件事會成真。

記得，在這時候，我停止影片播放，艾瑞克森說：「傑弗瑞，
她將要談論她的左手臂。」我感到震驚，因為這個影片是六個月前
錄製的。艾瑞克森會記得這樣微小的細節嗎？我就問他：「你怎麼
知道？」他回答：「回放這個影片一些。」當我回放影片時，我
發現影片中艾瑞克森細微地移動他的左手和左手臂。這樣做幾秒之
後，莎莉就談論起她的左手臂。艾瑞克森知道，當他移動自己的手
臂時，莎莉會聯想到她自己的手臂，然後會談論到手臂。這是一個
呈現艾瑞克森如何「引導導向」個案的經典例子。他總是前瞻性思
考。他知道人們會對於頭腦意識覺察之外的事情有反應。

莎：我的左手不能動（微笑）。我感到很驚訝（莎莉笑了）。

艾：你對於你的左手反應有點驚訝？

莎：我記得你說它不會動，然後就⋯⋯

艾：你相信我嗎？

莎：我想是的（微笑）。

艾：你只是猜測（莎莉笑了）。

莎：我，嗯⋯⋯這看起來，它真的不能動。

艾：這比猜測多一點？（莎莉笑了。）

莎：嗯⋯⋯是的。（輕聲細語，）我也感到很驚訝，你可以脖子以上是清醒的，然後脖子以下不是。

艾：你感到驚訝什麼？

莎：你可以，嗯⋯⋯就是你的身體可以脖子以下睡著，然後你還可以說話——你知道的，就是清醒——然後身體感覺這麼麻痺（笑了）。

艾：換句話說，你無法走路了。

莎：嗯，這個當下是不行（她搖搖頭）。

艾：現在是不行。

莎：（嘆息）嗯，嗯，現在不行。

艾：這個群體裡的任何產科醫生都知道如何製造身體麻痺的感覺。（克莉絲丁，前一天的主要個案是一個產科醫生。艾瑞克森有所期待地看著莎莉。莎莉點點頭表示是，然後又搖搖頭表示不是。她一直看著她的右邊，眼神空洞。她清了清喉嚨。）一個三十五歲的人卻無法走路，是什麼感覺？

莎：（糾正艾瑞克森）是三十四歲。

艾：三十四歲（微笑）。

莎：嗯，這感覺……嗯……現在感覺很愉悅。

艾：非常愉悅。

　　艾瑞克森用了一個技巧，把某個正向的東西，變成一個更大的東西——反過來也是一樣。當莎莉說「愉悅」，他回應「非常愉悅」。當莎莉誇張地說「我感到很驚訝……」，他回應「你有一點點驚訝」。如果某個東西是負面的，他會弱化這個負面感覺。如果某個東西是正向情緒，他會強化這個正向。他也會強化一些東西，創造更深入的催眠狀態。當莎莉跟艾瑞克森說她的身體感覺麻痺，他回答：「換句話說，你無法走路。」他會順勢運用個案所說的一切，用個案給的東西來創造治療效果。

　　艾：現在，當你剛走進來時，你喜歡我對你使用的玩笑態度嗎？

莎：我可能喜歡。

艾：你可能喜歡？

莎：是的。

艾：或者你可能不喜歡？

莎：是的，可能是這樣（莎莉笑了）。

艾：（微笑）現在是說實話的時刻了。

莎：啥？（笑了）

艾：現在是說實話的時刻了。

莎：好的，是的。我有複雜的感覺（再次笑了）。

艾：你說「複雜感覺」，非常複雜的感覺嗎？

莎：好的，是的，我喜歡，但是我又不喜歡。

艾：非常，非常複雜的感覺？

莎：嗯，我不知道我是否能分得清楚。

當艾瑞克森問她說是否喜歡艾瑞克森開玩笑的態度，莎莉再一次呈現模糊的態度。她說：「可能吧。」然後艾瑞克森回應：「或者你不喜歡？」莎莉給了一個更模糊的答案：「是的，可能是這樣。」艾瑞克森接著回應她，提到「講實話的時刻」，但是莎莉還是保持模糊的態度，說她自己有「複雜的感覺」。

因此，艾瑞克森跟隨這個阻抗，回應說：「非常複雜的感覺？非常，非常複雜的感覺？」艾瑞克森這種誇張的自相矛盾說法迫使莎莉要選邊站，莎莉最終只能說：「我不知道我是否能分得清楚。」

艾：你是否想著，你要是沒出現就好了？

莎：喔，當然不會，我很高興我來了。（咬了一下下嘴唇。）

艾：到目前為止，來到這裡，你學習了如何不會走路。

莎：（笑了）是的，我的脖子以下無法動彈（點頭）。

艾：那個糖果嘗起來味道如何？

莎：（很溫柔地說）喔，非常好，但是……嗯……我有……其實有很多不同口味。

艾：（微笑）你一直在吃糖果。

莎：嗯嗯（微笑）。

艾：誰給你糖果？

莎：你給的（像小孩子的說話聲音）。

艾：（點點頭表示是）我很慷慨，不是嗎？

莎：是的，這真的很好（微笑）。

艾：你喜歡這糖果嗎？

莎：嗯嗯，是的。

艾：然後所有的哲學家都說：「事實是存在在我們頭腦裡。」

在那個當下，莎莉的事實其實更多在她的身體上，而不是頭腦。艾瑞克森提到了糖果，然後莎莉描述給他聽，她說有很多種不同口味。某種程度上，莎莉控制了這個局面，從艾瑞克森建議的事情裡，自動自發產生一個經驗。

現在，艾瑞克森要幫助莎莉重新回到同學群體中。我們記得，她遲到了，這讓她成為群體的一個外來者。她的手臂處於一個自我放鬆的狀態，然後艾瑞克森要她做一些很困難的事：清楚表達她自己。

艾：這些人是誰？

莎：我不知道。

艾：現在告訴我，你對於他們的真實看法是什麼？

莎：好的……他們看起來都不一樣……

艾：他們看起來不一樣。

莎：（咳嗽）是的……他們看起來都不一樣。他們看起來都很好……他們每一個都不一樣。

艾：所有人都不一樣。（莎莉低頭笑了。）

在這一段，艾瑞克森要求莎莉犯一個錯。她無法清楚表達，誠實說出她對於這些人的看法，因為她一個都不認識，因此她說，他們都不一樣。艾瑞克森有點嘲諷她，跟著說所有人都不一樣。莎莉的手臂保持在一個自我舒服的狀態。再一次我們看到，艾瑞克森彷彿試著為不要太過敏感，也不要害怕犯錯而努力。就好像他在教導她，跟她說：誠實地說話，犯些錯誤是沒問題的——當你犯錯的時候，你可以安慰自己。

艾：伊蓮現在在哪裡？

莎：喔，我不知道。嗯……

艾：你多久沒有想起伊蓮了？

莎：喔，好的，嗯……好像很久以前了。嗯，她，嗯，瑪莉亞是她的姐姐。她跟我差不多年紀，嗯，她是妹妹，嗯，我想起他們了。你知道，我年輕時會記得他們，但很少想起。

艾：你以前家在哪裡？

莎：喔，嗯，在費城。

艾：你在後院裡。

莎：嗯嗯。

艾：在費城。

莎：嗯嗯。

艾：你怎麼到這裡的？

莎：（笑了）喔，可能我只是，嗯，想著要在這裡。

艾：就只是注意到……（指向房間裡的某個人）那個人的腳在動，他在移動他的腳和腳趾頭，另一個女生的腳也在動。怎麼只有你坐得這麼挺直不動？

莎：好的，我記得你說過什麼……呃……

艾：你總是照我說的話做嗎？

莎：（搖搖頭表示不是）要我服從指令是很不尋常的事。

艾：（打斷莎莉說話）你會說自己是個不尋常的女孩？

莎：不，讓我跟隨指令這很不尋常。

在這一段，我們注意到艾瑞克森溫柔地重講莎莉說的那個詞「不尋常」，當莎莉說的時候，是帶有負面意義的：「我會服從指令，但這很不尋常。」艾瑞克森把這個負面的詞，變成一個正向的詞，暗示莎莉是一個「不尋常」的女孩；他從負面的詞裡面找到正面的意義。艾瑞克森再次處於順勢而為的狀態。然後，他確認了莎莉催眠反應的真實性，指出莎莉其實是在一種不正常（催眠）的行為狀態裡。

莎：我從不聽別人指令。

艾：你從來沒有？

莎：我不能說從來沒有……幾乎沒有（微笑）。

艾：你確定你從來沒有聽人指令？

莎：不，我想我剛剛就聽了指令。（笑了，清清喉嚨。）

艾：你聽從很荒謬的暗示嗎？

莎：（笑了）嗯……好的，我或許可以移動。

艾：嗯？

莎：如果我真的決定要動，我或許可以移動身體。

艾：當你看看這周圍每個人，你覺得誰是下一個會進入催眠的
　　人？看看每一個人。

莎：（環顧整個房間）嗯……或許那個手上有戒指的女生（指
　　向安娜）。

艾：哪一個？

莎：（溫柔地說）嗯……面向我們，左手手指有戒指的那個女
　　生。她的頭上有眼鏡。（艾瑞克森傾身得很近。）

艾：還有呢？

莎：還有什麼？我想她或許是下一個進入催眠的人。

艾：你確定你沒有忽略了某個人？

莎：好的，有兩個人我也是有感覺——坐在那女生旁邊的男
　　生。

艾：還有其他人嗎？

莎：呃……是的，還有其他人。

艾：嗯？

莎：其他人（微笑）。

艾：坐在你左邊那個女生如何？（指著羅莎）

莎：是的。

艾：你覺得她要花多久時間才會把交叉的腳放下，閉上眼睛？
　　（羅莎的手和腳都是交叉著。她坐在綠色椅子的旁邊，離
　　艾瑞克森最遠。）

莎：嗯，不會太久。

艾：好的，看著她。（羅莎沒有把腳放下。看回艾瑞克森；然
　　後看向下方。接著，她向上看，微笑，然後四處看看。）

羅莎：我不想把腳放下。（羅莎聳聳肩。）

艾：我沒有告訴你要不舒服。沒有人告訴你要不舒服。（羅莎
　　點點頭。）我只是問這個女孩，要花多久時間你才會把腳
　　放下，眼睛閉上，進入催眠。（羅莎點點頭表示是。有個
　　停頓，艾瑞克森期待地看著，轉向左邊，對莎莉說話。）
　　看看她。（停頓，羅莎閉上又睜開眼睛。）她閉上眼睛，
　　然後又睜開眼睛。你要花多久時間才會閉上眼睛，並且保
　　持閉著？（停頓，艾瑞克森轉頭看著羅莎。羅莎眨眼。）
　　她需要更努力才能睜開眼睛。（羅莎閉上眼睛，咬了咬嘴
　　唇，然後睜開眼睛。有一個停頓；莎莉閉上眼睛。）她很
　　認真地跟我玩一個遊戲，但是她快輸了。（停頓。）她
　　不知道自己有多快就要進入催眠了。因此，現在閉上眼
　　睛。現在保持雙眼閉著。（羅莎眨眼一次，然後又眨眼幾
　　次。）這很好；你可以慢慢來。（羅莎又眨眼。）但是你
　　會閉上眼睛。保持雙眼閉上更久時間……保持閉著更久時
　　間。（羅莎再次眨眼。）下一次當雙眼閉上，就讓他們保
　　持著。（停頓，羅莎閉上眼睛又睜開，閉上眼睛又睜
　　開。）你會開始注意到，雙眼會閉上。你很努力掙扎要保
　　持雙眼睜開，你也不知道為什麼我針對你這樣做。（羅莎
　　閉上眼睛又睜開，閉上眼睛又睜開。）這就對了。（羅莎
　　閉上眼睛，雙眼保持閉著。）這就對了。

當艾瑞克森改變他說話聲音的抑揚頓挫，說了第二次的「這就對了」，羅莎就成為勝利者，因為她閉上眼睛了。在整段催眠引導中，有幾次她閉上眼睛又很快睜開──同時既是配合也是抗拒。

現在，相較於艾瑞克森許多其他技巧，這個技巧是比較乏味的，因為艾瑞克森強行地暗示羅莎閉上眼睛。但是這其中有艾瑞克森自己的潛在目的。他想要莎莉看到自己的錯誤，因為莎莉想著羅莎會很快進入催眠。

然後，有個期待存在。莎莉和艾瑞克森兩人都很期待地看著羅莎，某種程度上，這個期待就是一種暗示。艾瑞克森帶領羅莎要配合，同時，艾瑞克森也帶領羅莎去反抗。那艾瑞克森這樣做的目的是什麼呢？其中一個理由是，他不僅僅是催眠羅莎，同時也是催眠莎莉。莎莉之前告訴艾瑞克森，她覺得羅莎很快就會把腳放下，閉上雙眼。但是莎莉錯了。羅莎花了一些時間才能做到，才進入催眠。

或許艾瑞克森早已知道羅莎會有阻抗，因此他允許莎莉體驗到自己再犯一個錯誤，同時感覺這沒問題，同時莎莉保持在舒適自在的位置。艾瑞克森是順勢運用羅莎來強化他給莎莉的訊息，如此一來，莎莉不僅僅是頭腦上瞭解自己犯錯沒關係，同時有個強化的體驗，真實感受到犯錯沒問題。

艾：現在我想要你看到的是她的配合。現在，一個個案可能抗拒，他們真的會抗拒。然後我想她可能會抗拒，很好地展現她的阻抗。她還不知道這一點，但是她即將會把腳放下來。但是，她想要展示她不需要這樣做。這樣也很好。當

你跟個案工作時，他們總想要抓住些什麼。作為一個治療師，你就讓他們這樣做……（羅莎在椅子上動來動去，身體向前傾，不過雙腳依然交叉。）因為個案不是你的奴隸。你試著要幫助他。你要求她做些事情，然後我們都會產生一些情緒：「我不是任何人的奴隸；我不需要這樣做。」你在個案身上做催眠，然後會發現他們可以做到一些事——就算這些事違背他們的意願。（羅莎睜開眼睛，莎莉咳嗽。）

艾：（對羅莎說話）現在，我挑選你做些事，你感覺如何？

羅：我只想看看我是否可以抗拒你所說的話。

艾：是的。（莎莉咳嗽。）

羅：我的意思是我可以把腳放下……（她把腳放下，然後又再次交叉。莎莉又笑又咳嗽。艾瑞克森停頓。）

艾：我告訴你了，你會把腳放下。

羅：嗯？

艾：我告訴你了，你會把腳放下。

羅：是的，我可以這樣做。

莎：（莎莉在咳嗽，這讓她不得不移動左手臂。一個男的給莎莉喉糖或是薄荷糖，莎莉放在口中。她張開手臂，對艾瑞克森聳聳肩。）你有跟我說我會咳嗽嗎？（她笑了，碰了一下艾瑞克森，然後又咳嗽。）

　　艾瑞克森試著讓羅莎說出來，她對於被「挑選」做催眠沒問題，但是莎莉就突然開始咳嗽了。艾瑞克森一開始忽略莎莉，但是

最終他無法再忽略她了。當她咳嗽時，她同時釋放了麻痺的左手臂，打開她的雙臂。接著，讓我們看看艾瑞克森如何解釋這情況，並順勢運用她的行為。

艾：現在，這不是一種很好、狡猾的方式……（莎莉咳嗽，掩著她的口。）一個很好、聰明、狡猾的方式來控制她的左手嗎？（莎莉笑了，點點頭說是。）

莎：發展出一個症狀。

艾：你擺脫了那只麻痺的左手，你用咳嗽來逃脫。（莎莉點頭然後咳嗽。）然後這很有效，不是嗎？（莎莉笑瞭然後咳嗽。）你真的不是一個奴隸。

莎：我想我不是。

艾：因為你已經累了，不想把左手繼續放在肩上，因此你如何讓它放下來呢？透過足夠的咳嗽……（莎莉笑了。）你的手放下來了。（莎莉嘆了口氣，然後笑了。）

克莉絲丁，是個產科醫師，也是前一天的主要個案，她說話了：我可以問一個問題，關於莎莉的手臂浮在半空中，然後感覺疲倦嗎？我以為在催眠狀態裡通常不會感覺疲倦，不論她處於如何奇怪的姿勢。這是一個誤解嗎？你的手臂懸浮著，真的會感覺疲倦嗎？還是你太過清醒，感覺自己坐的姿勢很笨拙。

莎：呃……我感覺，呃……我體驗到就像是……或許……就是一種不同感覺，覺察到緊張，但是，呃……我可能……我可以坐在那裡更久一點。

克莉絲丁：你可以怎麼樣？

莎：我感覺就像我可以。是的……坐在那裡更久一點……呃。
　　這有點奇怪，你知道，我……（艾瑞克森打斷，然後對羅
　　莎說話。）

艾：你的名字是比佛利，不是嗎？

羅：你說什麼？

艾：你的名字是比佛利。

羅：我的名字，不是。

艾：那是什麼？

羅：你想要知道我的名字嗎？（艾瑞克森點點頭。）

　　克莉絲丁介入談話，然後問莎莉問題。當莎莉和克莉絲丁談
話時，艾瑞克森被排除在談話之外。然後，艾瑞克森透過問羅莎問
題，再一次掌控這個談話。羅莎是個義大利人，他問她的名字是否
是比佛利？事實上當然不是。比佛利是一個美國名字，不是一個義
大利名字。艾瑞克森故意犯這個錯誤，趁機再次掌控對話。透過這
種方法，他示範了「錯誤」可以被順勢運用。

艾：好的。現在我讓羅莎展現阻抗，而羅莎很完美地呈現阻
　　抗，羅莎展現阻抗，同時也展現配合，因為她的眼睛真的
　　閉上了。（對莎莉說）你的名字是什麼？

莎：莎莉。

艾：莎莉。現在我讓羅莎展現了阻抗，同時臣服。（莎莉微
　　笑。）

（艾瑞克森對羅莎說話）莎莉此時發展出一個咳嗽，所以
她可以釋放她自己自由，也展現了阻抗。你給莎莉做了榜
樣，讓她的手臂自由釋放。

羅：好的，我閉上眼睛，因為我覺得在那個點上，閉上眼睛比
較容易。不然你會繼續說，告訴我要閉上眼睛，所以我告
訴自己，「OK，我會閉上眼睛，所以你就會停止要求我
閉上眼睛。」

艾：但是你確實閉上眼睛，然後莎莉跟隨你的模式展現阻抗。
她透過咳嗽的間接方式來呈現。（莎莉微笑）很聰明的女
孩。（莎莉咳嗽，清清喉嚨。）

（艾瑞克森對莎莉說）現在你如何讓你的雙腳自由？（莎
莉笑了。）

莎：呃，我就這樣做。（艾瑞克森等待。）好的，你看。（莎
莉在移動她的腿之前四周看看，艾瑞克森看著她，然後等
待。）

艾：（對其他學生們說話）她做的如何呢？她剛剛用了一個視
覺線索。她看了不同的地方，看哪裡放腳比較好。現在
她運用另一種感官過程來獲得肌肉活動。（對莎莉說）現
在，你如何站起來？

莎：好的。我就只是站起來。（她首先看向地板，笑了，然後
身體向前推，然後站起來。）

艾：你通常會花這麼多力氣去站起來嗎？

在剛剛兩個部分，艾瑞克森用了一個確認技巧。艾瑞克森確認

莎莉其實沒有完全恢復意識清醒；她仍然在催眠裡回應，因為她移動腿的方式不一樣，站起來的方式也不一樣。

接下來，艾瑞克森讓莎莉進入一種全然清醒的狀態，然後就好像他把圓圈做一個收尾，他再一次提到糖果，誘發莎莉右手臂的手臂懸浮。

艾：你確定你吃了一些糖果嗎？

莎：現在，是的……還是之前？

艾：之前。

莎：好的，是的。但我記得它只是一個暗示。

艾：（身體向前傾，靠近莎莉）你覺得你現在非常清醒嗎？

莎：（笑了）是的，我想我大概是很清醒。

艾：大概很清醒。你是清醒的嗎？

莎：是的，我很清醒。

艾：你很確定嗎？

莎：（笑了）是的。（莎莉的雙手掉下來，而艾瑞克森很緩慢的把它們分開，抓著莎莉的右手腕，把她的右手抬起來。）

莎：這手臂看起來好像不屬於我。

艾：什麼？

莎：這手臂看起來好像不屬於我……

艾：它怎麼了？

莎：這手臂看起來真的不屬於我……當你這樣做的時候。（艾瑞克森讓莎莉的手臂僵硬的懸浮在空中。艾瑞克森笑了，

然後莎莉笑了。）

艾：你現在比較不確定自己是清醒的？

莎：（微笑）比較不確定，是的。我沒有感覺到任何，呃，右
　　手有任何重量，完全沒有重量的感覺。

艾：（艾瑞克森轉頭對克莉絲丁說話，克莉絲丁問了個問題，
　　是關於某個人是否可以在催眠裡保持手臂在一個不舒服的
　　位置。）沒有任何重量的感覺。這回答了你的問題，不是
　　嗎？

　　（艾瑞克森轉頭對莎莉說）你可以保持手臂在那裡嗎？還
　　是手臂會上升到你的臉？（他做動作抬起自己的左手）。

莎：我大概可以保持它在那裡。

艾：看著它。我想它會向上抬。

莎：嗯嗯，不。（搖頭表示不。）

艾：它會以一種小顫抖的方式向上抬。（停頓；莎莉有一個空
　　洞的凝視，然後看著艾瑞克森。她搖搖頭。）或許你會感
　　覺到那個小顫抖。它慢慢向上抬。（莎莉看著她的手。）
　　看到那個顫抖沒？

莎：當你提到這件事，我的確有感覺。

艾：嗯嗯？

莎：當你提到一個小顫抖，我確實感覺到。

艾：你感覺不到所有的顫抖。

莎：嗯嗯。

艾：（艾瑞克森把他的手指放在莎莉手腕上，然後緩慢地把莎
　　莉的手向下壓。然後，他把他的手放開。）你抗拒讓手向

下掉，不是嗎？

莎：呃，嗯。

艾：為什麼？

莎：我覺得它在這裡還蠻 OK 的。（莎莉笑了。）

艾：（微笑）它很 OK……就在那裡。（艾瑞克森看著地
　　板。）

在這個部分。艾瑞克森做到了一開始莎莉很抗拒的手臂懸浮。
但儘管莎莉現在很配合，她仍然有阻抗：她的手有抬起來，但她拒
絕把手往下放。

下一步艾瑞克森開始講一個故事，然後當他在講故事的時候，
他看著地板，就好像他在告訴莎莉：「這個故事是講給你的無意識
聽的」。

（以下是艾瑞克森講的故事完整版。你也可以在《跟大師學催
眠》這本書裡找到）。

維爾是一個年輕人，三十歲，他是美國海軍陸戰隊，二次世界
大戰時在南太平洋打仗，然後回家。儘管他參加了許多戰役，他從
來沒有受傷。他的父母親很高興看到他回家，他媽媽決定要盡可能
好好對待兒子，爸爸也是，所以媽媽開始告訴他早餐要吃什麼？午
餐要吃什麼？晚餐要吃什麼？媽媽開始告訴他，他每一天要穿什麼
衣服。爸爸覺得兒子工作很辛苦，需要有些休閒娛樂，所以從《星
期六晚報》選了一些故事，讀給維爾聽。

維爾是一個很聽話的男孩。他吃什麼、穿什麼都是他媽媽告訴

他的。他讀他爸爸叫他讀的故事書。他是父母親的乖巧兒子。但維爾生病了，厭倦了聽從爸爸媽媽告訴他該做什麼事。他們真的告訴他如何做每一件事。維爾唯一的自由是在一間二手車店裡工作時。

然後，他發現他沒有辦法穿越凡波本街道。這間二手車店在凡波本街上；他也發現，他沒有辦法開車向北，到中央大道上去工作。那裡有一間餐廳叫金色鼓棒，有很多窗戶，他很擔心他沒辦法開車經過那間餐廳，所以他會繞路，繞好幾條街。然後，他發現他沒有辦法搭電梯，他沒有辦法搭手扶梯，有很多街道，他都不敢開車經過。他忍受不了家裡的情況，所以來找我做治療。當我發現維爾沒有辦法開車經過金色鼓棒餐廳，我告訴維爾：「維爾，你會帶艾瑞克森太太和我出去吃晚餐，我會選一家餐廳。」他說：「你該不會想選那一間金色鼓棒餐廳。」我說：「維爾，艾瑞克森太太跟我會是你的客人。想要取悅客人是很自然的事，你不會告訴客人他們哪裡不能去；你會想要帶客人去他們想去的地方。」

然後我告訴他：「你很害怕女人。就算賣二手車，你也是小心謹慎地看著地板，從來沒有正眼看著女人。你害怕女人。既然你要帶艾瑞克森太太和我出去吃晚餐，我覺得你最好有一個女伴一起去。現在，我不知道你喜歡怎麼樣的女伴，所以告訴我你不喜歡帶怎麼樣的女生出去吃飯。」他說：「我不想帶一個單身漂亮的女生出去。」我說：「有什麼人是比一個漂亮又單身的女生還要更糟？」他說：「喔，有的，一個漂亮，但是離婚的女人——這會比帶一個單身女生出去還要更糟。」我說：「好的，還有其他哪些女生你覺得不想帶出去？」他說：「我不想帶任何年輕寡婦出去。」我最終問了一個問題：「如果你要帶一個女伴出去，你會想要帶哪

樣的女伴出去？」他說：「喔，如果我必須帶一個女人出門，我會希望她至少已經八十六歲。」我說：「好的，下週二晚上六點來我家。準備好帶艾瑞克森太太和我，以及其他女生出去吃飯。」維爾說（很害怕地）：「我覺得我做不到。」我說：「維爾，下星期二晚上六點來這裡。你可以做到的。」

維爾在下星期二晚上六點準時到達，穿戴整齊，大滴汗水從他臉上滑落。他發現坐在沙發上很困難。我說：「我們邀請來當你女伴的女生還沒有出現，所以我們可以輕鬆愉快地等待她。」維爾一點也不覺得輕鬆愉快，在沙發上坐立難安；他一直看著前門，滿懷希望地看著艾瑞克森太太，也看著我。我們社交性地閒聊，最終，二十分鐘後，一個非常漂亮的女生進來了。維爾看起來很震驚，受到驚嚇。我介紹他們兩人認識，然後說：「維爾，這是基慈。基慈，維爾會請我們四個人去吃晚餐。」然後基慈開心地拍手笑著。我說：「順帶一提，基慈，你結婚幾次？」基慈回答說：「喔，六次。」我問：「你離婚幾次？」她回答：「六次」。（艾瑞克森笑了。）維爾臉色看起來很蒼白。

我說：「維爾，問基慈她想去哪裡吃晚餐。」基慈說：「喔，維爾，我想去金色鼓棒餐廳，在北方中央大道上。」艾瑞克森太太說：「我也想要去那裡吃。」我說：「那是一個很好的餐廳，維爾。」維爾不自覺地發抖。我說：「我們去吧，我需要牽著你的手嗎？維爾。」他說：「不，我可以自己走路。我擔心我等一下會暈倒。」我說：「我的前門是三個階梯下去，不要暈倒在階梯上，你會傷到你自己。等到你走到草皮上，那時候你就可以暈倒了。」維爾說：「我不想暈倒。或許我可以一路走到車子那邊。」

當他走到車子那邊——我的車，我知道我需要開車——維爾說：「我最好抓緊車子把手，我可能會暈倒。」我說：「你在這裡暈倒完全沒問題。」基慈說：「喔，維爾，進來吧，跟我一起坐在後座。」維爾發抖著爬進車子裡。

我們到了金色鼓棒餐廳的停車場，我把車停在停車場最遠的那一頭。我說：「維爾，當你走出車子之後，你可以在停車場的地上暈倒。」維爾說：「我不想在這裡暈倒。」基慈和艾瑞克森太太都走出車門，我也是。我們走向餐廳，一路上我指著（艾瑞克森做手勢）：「那個地方不錯，你可以暈倒。那個地方也不錯，你可以暈倒。這個地方暈倒也不錯。還有一個地方……」維爾走到了餐廳門口，我問：「你想要在裡面暈倒還是在外面暈倒？」他說：「我不想在外面暈倒。」我說：「好的，我們進去，你可以在餐廳裡面暈倒。」當我們走進去，我問：「你想要哪一張桌位，維爾？」他說：「選一張靠近門邊的。」我說：「那裡有一個高台區，在餐廳較遠的那一邊，那裡有個很好的包廂。我們在那裡吃飯吧。那樣我們可以俯瞰整個餐廳。」維爾說：「在我走到那裡之前我可能會暈倒。」我說：「這也沒問題。你可以（艾瑞克森做手勢），在這張桌子旁邊暈倒，或是那張桌子旁邊暈倒，或是另一張桌子旁邊暈倒。」維爾繼續走過一張接著一張的桌子。

艾瑞克森太太坐在包廂裡。基慈說：「現在你坐過去那邊，維爾。」然後她坐在他旁邊。艾瑞克森太太坐在他的另一邊，我則是坐在靠外面的位置。維爾坐在包廂裡，左右兩邊都有一個女人坐在他旁邊。

女服務員來了。她問我們要吃點什麼，然後說了些話激怒我。

我很大聲回她，接著她很生氣地對我說話。首先，你知道的，我們開始互相吼叫，謾罵，起了劇烈爭執。餐廳裡所有人都轉過來看著我們，維爾試著要躲到桌子底下。艾瑞克森太太拉著他的手說：「現在我們就好好看這件事怎麼發展。」最後，這個女服務員很生氣地走開，餐廳經理過來了，想要知道發生了什麼問題。所以我接著跟經理吵了一架，很快，我們兩個人互相指責對方。最後，經理也離開了。

女服務員接著回來問：「你想要點什麼？」所以，艾瑞克森太太點餐了，我也點菜了。女服務員對基慈說：「你想要點什麼？」基慈說：「我的男伴，他想要吃雞肉，所有白色的雞肉。他想要一個烤馬鈴薯，不要太大，不要太小。他想要酸奶油以及香蔥。至於青菜，我想他最好吃一個煮熟的紅蘿蔔，我想要幫他點硬麵包。」然後她點了她自己想要的。

整頓飯基慈一直在跟維爾說該吃什麼好，下一口要吃什麼，然後她監督著維爾的每一口飯。貝蒂和我則享用我們的晚餐；基慈享受著她的晚餐。只是對維爾來說這真的是地獄。

當吃飽要離開的時候，基慈說：「當然了，維爾，你要幫我們付晚餐錢，然後維爾，我想你應該給這女服務員一份豐厚的小費。這是一頓很棒的晚餐，給她多些小費，」接著基慈清楚地告訴維爾要給多少小費。走出去的時候，我一直在告訴維爾：「這是一個很好的桌子，你可以在這裡暈倒。」我指出所有他可以暈倒的點，直到我們走到車旁邊，然後維爾爬進車裡。

我們回到家，基慈說：「維爾，讓我們進去，在艾瑞克森醫師和艾瑞克森太太家作客。」然後她拉著維爾的手，基本上是把

他整個人拖進房子裡。我們閒聊了一會兒，基慈說：「我想要跳舞。」維爾得意地說：「我不知道怎麼跳舞，」基慈說：「那太好了。我最喜歡教男人跳舞了。儘管整個房間都有地毯，我們放些音樂來跳舞。艾瑞克森醫生，可以請你放些跳舞音樂嗎？我來教維爾如何跳舞。」她拉著維爾站起來，教他跳舞。然後基慈說：「維爾，你真是一個天生的跳舞好手。我們去舞廳跳一整晚的舞吧。」接著，維爾很不情願地走了，他們一直跳舞直到清晨三點，然後維爾送基慈回家。

那天早上他媽媽起床幫他做早餐，維爾說：「我不想吃任何沒熟的蛋。我想要一個全熟的蛋，我想要三片培根，我想要兩片土司。我想要一杯柳橙汁。」他母親（溫柔地）說：「但是，維爾……」他說：「不，不要跟我說『但是』，媽媽。我知道我想要什麼。」

那天晚上他回家，他爸爸說：「我在《星期六晚報》上找到一個很好的故事給你。」維爾說，「我帶了一份《警察公報》回家。我要讀這一份公報」。（艾瑞克森對學生們說）對於外國人來說……《警察公報》是什麼呢？你怎麼描述《警察公報》？這是一個很原始的東西。在《警察公報》裡面你可以看到各種各樣的犯罪，尤其是性犯罪。他爸爸感覺到很驚恐，維爾說：「下週，我將搬出去。我要去找我自己的公寓住，我想要做我想做的事。」

他打電話給基慈，那個週末帶她出去約會吃晚餐，然後跟她跳舞。然後他們持續約會三個月。後來維爾來見我時說：「如果我決定跟基慈分手，會發生什麼？」我說，「她已經離婚六次了。如果你決定從她的生活當中離開，她肯定能瞭解，也能接受。」他說：

「我就這樣做。」而後他跟基慈分手,開始和其他女人約會。他介紹他的姊姊、姊夫以及他姪子來找我做治療。

有一天,維爾跟一個年輕女人一起出現,他說:「M小姐很害怕說話;也很害怕出門。她就待在家裡,去工作,然後她不想說話。下週我想要帶M小姐去一個派對,我所有朋友都會去,但她不想去,我想要你讓她去。」然後維爾就走了。

然後我說:「M小姐,看起來維爾很喜歡你。」她說:「是的,但我對男人很恐懼。我對人群很恐懼。我不想去那個派對。我不知道該說什麼,我沒有辦法跟陌生人說話。」我說:「M小姐,我認識那個派對上面所有的人。他們都很愛說話,他們都很多話,派對上不會有一個好的傾聽者。你會成為最有價值的賓客,因為每一個人都需要一個傾聽者。」

現在維爾跟M小姐結婚了,維爾帶M小姐坐飛機去尤瑪(Yuma,亞利桑那州的一個城市名),他跟M小姐坐飛機去圖森(Tucson,亞利桑那州另一個城市名),他也跟M小姐一起去弗拉格斯塔夫市(Flagstaff,亞利桑那州的城市)吃晚餐。他在鳳凰城搭乘所有的手扶梯,所有的電梯。現在他是一家新的汽車經銷商的主管。那一次去金色鼓棒餐廳,維爾學會了,他可以走進一間餐廳、藥局、大樓,並且搭乘手扶梯或電梯。那件事教導他,他可以跟一個女生出去約會,而且不會在任何地方暈倒。(艾瑞克森輕聲笑著。)然後是維爾自己告訴他母親,他想吃什麼⋯⋯;是維爾自己告訴他父親他想要閱讀什麼⋯⋯;維爾告訴他的父母親他想要住在哪裡。我所做的僅僅是安排吃一頓晚餐,然後我跟這個女服務員以及經理串通好,來一場激烈美好的吵架。然後,經理、女服務

員跟我都有個美好時光,然後維爾發現他可以經歷過這一切,存活下來(艾瑞克森微笑)。他可以忍受跟一個離過婚的女生約會,離過六次婚。他可以從離過六次婚的漂亮女生那裡學會跳舞,而這個心理治療沒有花太多時間。家族治療是必要的,但我讓維爾自己做家族治療。我所做的就是證明給維爾看,他不會死掉(艾瑞克森笑了)。而且我很愉快地做這件事。

但有很多治療師他們讀書,然後他們就去做治療:這星期我們要用這個方法,下星期我們要用另一個方法,他們跟隨這些規則、規矩……這個星期做這麼多,下個星期做這麼多,這個月做這麼多,下個月做這麼多。而維爾所需要的就只是發現,他可以穿越這一條馬路,走進一間餐廳。他可以開車繞行好幾條街,然後沒有看到那間餐廳。我給他看所有他可以暈倒的地方。可是他都沒有暈倒。我給他所有的機會去暈倒,去死掉……(艾瑞克森笑了)但他發現人生太美好了。他自己療癒自己了。

所以,艾瑞克森講這個故事的目的是什麼呢?好的,我們如果很仔細地檢視,這個故事跟艾瑞克森對莎莉做的事情其實很類似。故事的主題是:當你跟你的恐懼好好相處,你就可以擁有你的獨立自主權。莎莉跟維爾都很會逃避。維爾恐懼人們跟某些場所,甚至生活本身就是一種恐懼,莎莉有個很深的恐懼,害怕自己會犯錯,不敢承諾任何事情。

然後故事裡另一個很一致的重要元素是,基慈這個女主角應該是要在晚上六點來艾瑞克森家裡,她遲到了二十分鐘,我們記得,莎莉同樣的,也是遲到二十分鐘才進到工作坊裡。

艾瑞克森給莎莉出了一些難題，但透過經歷這些艱難時刻，莎莉重新獲得自己的力量。然後，艾瑞克森說，只有在莎莉對於手臂懸浮有反應之後才說這個故事——手臂懸浮是艾瑞克森一開始跟莎莉工作時，並沒有成功的催眠現象。

這個故事也教導我們，在家族治療裡，有時候我們不需要全家人一起參與就可以完成治療。羅莎是一個家庭治療師，她經常面對一整個家庭的所有成員，很可能她相信只有當全家人都一起出現了，改變才會發生。但是艾瑞克森證明，個人的改變可以導致家庭裡發生系統性的改變。

把催眠放在治療中的目的，是發展出個案對於催眠的反應。直到我們已經發展出一個催眠反應的肥沃土壤之後，才去講一個隱喻的故事，這才有意義。艾瑞克森用催眠幫助莎莉，然後他也讓莎莉展現阻抗。他同時也讓莎莉表現出配合與合作。再一次，我們強調，只有在莎莉展現了對手臂懸浮的反應，艾瑞克森才講維爾的故事。這時，他可以更加肯定莎莉會對於故事隱含的意義有反應，因為莎莉已經對手臂懸浮產生反應。

艾瑞克森致力於把心理治療變成一種獨特體驗，並且誘發深刻感受。他做治療時總是活在當下，很願意順勢運用個案帶來到治療裡的素材。與其提供人們訊息，艾瑞克森給人們一個強化的體驗。這些獨特體驗會幫助個案喚醒內在沉睡的資源，最終發揮他們的潛力。

婚姻治療

　　在鳳凰城艾瑞克森基金會的資料庫裡，大部分的影片是艾瑞克森的專業工作坊，通常是一群學生來跟艾瑞克森學習的錄影。但在 1978 年的 2 月，這群學生帶了不一樣的目的來找艾瑞克森，他們來接受治療，因此在這個案例裡，一個不尋常的場景就設置在艾瑞克森的辦公室裡。艾瑞克森的辦公室非常小，基本上三個人就覺得很擁擠，但艾瑞克森跟兩位個案，還有瑪利安‧摩爾醫師（Dr. Marion Moore），還有多恩‧懷特（Dawn White），他們都是小組裡的成員，大家擠在一個很小的空間裡。錄影機架在門口。

　　第一天的「個案」是約翰，他坐在綠色椅子上。約翰開始說：「艾瑞克森醫師，拜託你幫助我，讓我能夠很輕鬆自在地閱讀和書寫，而不會有太多的緊張。」現在，艾瑞克森沒有時間去計劃，或者規劃治療該怎樣進行，然而整個案例演變成非常的複雜、戲劇化。通常，我只對於最高階的學生教導這個案例，因為它需要瞭解催眠的核心元素以及專業背景，學生們才能夠完全理解艾瑞克森在做什麼。因此，為了補充資料，幫助你更好學習，我會提供一些關於催眠以及多層次溝通的基本介紹。

　　我們都知道，艾瑞克森舉世聞名的是他的多層次溝通技巧，還有針對個案的獨特性做量身訂做的治療。艾瑞克森不喜歡標準化的工作方式，他跟個案的工作總是量身訂做，順勢運用個案帶到治療裡的東西。

　　艾瑞克森在這個部分用的催眠引導技巧，是我稱之為 A. R. E 模式的三步驟，在鳳凰城基金會的培訓工作坊裡，我都會教導。

這個技巧是所有催眠引導的核心原則，A. R. E 分別意思是專注（Absorb）、確認（Ratify）、誘發（Elicit）。

首先，我們**專注**在個案身上所有細節以及可能性，用的是一種現在式的文法。用來進行專注的工具，可以是放鬆；任何感覺、感知，可以是內在或是外在；一種催眠現象、一個幻想；甚至一個回憶。

個案進入專注之後，下一步是**確認**。確認是用描述句來反映個案在專注當下的改變。最終，或許是催眠引導裡最重要的步驟，**誘發**。一個治療師可以誘發反應，包括解離，最終喚醒個案內在沉睡的資源，強化治療效果。

一旦我們誘發出反應，特別是對於細微線索的反應——這些反應就會促使個案去尋找個人意義——治療師接著就可以開始誘發資源。我們假設每個人內在都有足夠資源用來解決他／她的問題，而治療師的工作是幫助個案體驗到那些沉睡的，但是可以取得的內在資源。

在這個例子，艾瑞克森運用一個回憶的催眠引導，稱之為「早期學習模式」，這包括多層次溝通，治療師會在兩個層次上說話：一個是直接意義（denotation），一個是隱藏意義（connotation）。直接意義是個人實際說的話；隱藏意義是個人內心裡真正想表達的話。

我覺得，溝通是同時傳遞訊息也是喚醒內在。其他的溝通專家們可能用不同的專業說法來描述溝通的層次，在某種程度上，這些概念是相互交疊的。

多層次溝通

貝特森（Bateson）	報告（report）／命令（command）
伯恩（Berne）	心理層面（Psychological）／社交層面（Social）
喬姆斯基（Chomsky）	表面（Surface）／深層（Deep structure）
瓦茲拉威克（Watzlawick）	明白（Indicative）／隱藏（Injunctive）

　　格雷戈里·貝特森（Gregory Bateson）相信，溝通有一個報告（report），還有一個命令（command）：關於如何反應的明顯訊息跟隱藏指令。艾瑞克·伯恩（Eric Berne）強調溝通有兩個層次：社交層面——說出來的表面意思，以及心理層面——真實的含義。伯恩同時也相信溝通的結果是透過心理層面來實現。諾姆·喬姆斯基（Noam Chomsky）表示溝通有一個表面構造跟一個深層構造。在表面的文法轉換可以傳遞一個相同意義。（「我要去商店」〔I am going to the store〕、「去商店我要」〔To the store I am going〕有同樣的意義）。保羅·瓦茲拉威克（Paul Watzlawick）的理論是，溝通有一個明白的意思（indicative），還有一個隱藏的意思（injuctive）。每一個溝通都包含了直接意義和隱藏意義。

　　對於溝通的描述詞語，我比較傾向於「傳遞訊息」（informative）和「喚醒內在」（evocative）這個說法。我認為催眠是喚醒式溝通的一種技巧。在接下來跟約翰做的催眠引導，艾瑞克森用了一個早期學習模式，這個技巧同時運用在訊息傳遞跟喚醒內在的兩個層面，然後在第 151 頁有一個總結表。

　　當我第一次聽到艾瑞克森運用這個催眠引導，聽起來真的很奇

怪，這跟我學習到的其他催眠引導都不一樣。但最終，我瞭解到艾瑞克森是運用一種平行溝通技巧。他設置了一個平行溝通，然後個案必須自己努力去發掘隱藏意義。

這個催眠引導一開始是艾瑞克森的行動，以及其中的喚醒式意義：艾瑞克森一開始看著地板，然後逐漸柔和他的聲音語調，其中隱藏的意思是，現在是時候進入催眠了。然後，他說：「我將會提醒你，一件發生在很久以前的事情，」這會喚起個案的回憶。艾瑞克森運用平行溝通，他說：「當你最開始學習書寫字母的時候，這是一個很艱難的任務，」因為個案來找艾瑞克森並不是來聽關於如何學習寫字的演講；個案是來接受催眠。個案會瞭解到，在過去某個時刻，學習寫字母是困難的，但它接著變成容易了。在平行溝通裡，催眠一開始看起來很困難，但催眠也可能變成是一種身體本能。艾瑞克森接著問，「你會在 t 的上面加上一點，然後在 i 的上面畫一橫線嗎？」突然間，這產生一個去穩定化的時刻。他是不小心說錯話嗎？當他說「在 n 和 m 上面有幾個凸塊？」他是故意顛倒字母的順序嗎？他是真的要把 n 放在 m 的前面嗎？

當然，艾瑞克森其實很清楚知道他自己在做什麼。我們記得。他有一個舉世聞名的困惑技巧，他會在個案的行為模式裡創造一個溫和的中斷，這會幫助個案打破僵化行為，發掘沉睡的內在資源。

艾瑞克森在溝通上，是既精妙且優雅。譬如，在這個催眠引導裡，他在文法上很精妙地從過去式切換到現在式。在剛開始時，他用過去式說話：「當你一開始學習寫字母的時候，這是一個困難的事情。你是在 t 上面加一點，還是在 i 上面畫一橫？」然後他切換

多層次溝通圖表

貝特森：報告／命令

伯恩：心理／社交

喬姆斯基：表面／深層結構

瓦茲拉威克：明白／隱藏

薩德：傳遞訊息／喚醒內在

傳遞訊息	喚醒內在
1. 艾瑞克森的行動	1. a. 進入催眠！！ b. 看著我尋找細微線索！！ c. 做出反應！！ d. 對我的非語言行為作出反應！！
2. 我將會提醒你過去很久以前發生的事。	2. 回想起來！！
3. 當你一開始學習書寫字母時，它是一個非常困難的任務。	3. a. 催眠很容易！！ b. 可以變成你的身體本能！！
4. 你會在「t」上面點一點，在「i」上面畫一橫嗎？	4. a. 感到困惑！！ b. 直接明白地反應！！
5.「n」和「m」上面有幾個凸塊？	5. a. 感到困惑！！ b. 事情沒有固定順序！！ c. 專注在回憶裡！！
6. 逐漸的你建構心理視覺畫面，這會永久儲存在你成千上萬個沒用到的大腦細胞裡。	6. a. 學習可能是緩慢的！！ b. 看到畫面！！ c. 催眠學習會持續下去！！
7. 當我跟你說話的時候，你的血壓改變了，你的脈搏改變了，等等。	7. a. 你正在反應，改變！！ b. 你正確地反應，改變！！

到現在式文法：「現在，在 n 跟 m 上面有多少個凸塊？」透過這種方式，他給出一個隱藏的命令，幫助個案從回憶中進入到當下的專注裡。我們可以透過現在式的語句來描述各種可能性，從而誘發專注。

艾瑞克森接著說，個案所學到的所有關於寫字母的事情會永久地儲存在大腦中。平行溝通上，他同時也是在說，個案所學到的關於催眠的事情，也會永久、持續地儲存在身體裡。艾瑞克森接著運用確認：「當我繼續跟你說話的時候，你的脈搏速度改變了，你的血壓改變了，你的身體動作改變了。」在催眠引導的情境下，這些陳述句在喚醒層面的作用是，個案開始體驗到一些常見的改變，這告訴我們個案已經在催眠狀態裡。

艾瑞克森用這個催眠引導來獲得個案的反應。現在，對於隱藏意義的反應並不侷限於催眠技巧上。社會心理學的研究領域指出，人們對於隱藏意義會產生反應。米爾格倫實驗（Milgram experiment，權力服從研究）也提供證據指出，個人會對一個權威人物有服從反應，儘管這可能會違反個人的道德觀和價值觀。然而，艾瑞克森是第一個在催眠引導和治療裡透徹運用隱藏意義的大師。這就好像他在對個案說：「A」，我現在說一些專注書寫字母的事。但，「B」，我實際告訴你的是，改變你的注意力，深化你體驗的感受，所以，「C」，我可以對於細微線索誘發反應。

當個案有了反應，艾瑞克森就會切換到催眠的順勢運用，或許是運用隱喻或故事，來帶出喚醒式意義。譬如他會講一個故事 X，但實際意思是 Y（如何解決問題），接著他會得到反應 Z（進入一個最佳狀態）。

隱喻上來說，當艾瑞克森做一個催眠引導，目的是去敲一個人的心門。一旦這個人對於隱藏意義有反應，這就好像艾瑞克森對他說：OK，我得到一個反應。然後我被邀請進入這個人的內心，我是受歡迎的。然後他會用更多的多層次溝通技巧來誘發更多資源。

　　以下的圖表顯示了艾瑞克森的雙層次溝通過程，以及催眠引導如何鋪路來獲得反應，艾瑞克森在隨後的治療裡繼續運用這方法：

催眠引導	治療
說「A」	說「X」
實際意思是「B」，獲得	實際意思是「Y」，獲得
反應「C」	反應「Z」

　　如果一個人對於催眠引導裡的隱藏意義有了推論，產生喚醒的感受，強化元素就可以在催眠引導之後的順勢而為階段被有效運用。

個案過程以及評論

　　現在，讓我們回到 1978 年的 2 月。這是第一天的第一個個案，我會提供評論，讓你更容易瞭解運用喚醒式元素的過程。

> 約翰（以下簡稱「約」）：我想要處理的問題是，當我閱讀或寫作時，我很容易就累了……無法繼續下去。我的背很緊繃，我身體變得很緊繃。我想要可以很快速、舒服地閱讀，快速、舒服地寫作。但我很容易累，我無法閱讀很多我想讀的東西。我無法像我以前那樣寫很多。

艾：我瞭解到，你在閱讀時很容易累，你寫作時很容易累……

約：我的身體相當緊繃，我容易緊張，然後我就累了。

艾：所以，我以前有幫你治療過嗎？

約：有的。

艾：做些什麼呢？

約：我五月的時候在這裡……八月的時候也在……我們處理戒
　　菸的事，以及我和瑪莉的問題，就在我們要結婚之前。

艾：看向這個方向。（艾瑞克森指向書桌上的玻璃缸，裡面有
　　一些小木雕動物。）不要動。不要說話。讓我提醒你一個
　　問題，小時候去學校時，你需要學習寫英文字母……

　　這個部分就是艾瑞克森治療裡完整的診斷階段了。當艾瑞克
森對約翰說「看著這個方向」時，評估已經結束，這表示艾瑞克森
要開始作催眠了。因此，我們強調治療過程，評估看起來不是那麼
重要。這是很不尋常的做法，因為傳統心理治療裡，治療師可能會
獲得完整個案歷史，然後做一個心理狀態評估，做個投射測試或
客觀測試，然後建構一個治療計劃，並取得個案同意；然後治療師
才會開始進行治療。在醫學上也是運用同樣過程：先有一個診斷報
告，醫生才決定要做什麼治療。但艾瑞克森直接進入催眠（治療過
程），他通常也告訴學生做同樣的事情。在一個社交情境裡，我們
先做事情，然後才評估。

　　大部分的治療師在做催眠時，一開始會跟個案談話、討論在這
段時間發生的事情。然後在治療的第二階段，他們才開始作催眠。
但艾瑞克森更看重的是體驗而不是訊息，所以他直接讓個案產生一

個獨特體驗。

有一本管理書籍，書名叫《尋找卓越》（ *In Search of EXcellence* ），作者是湯姆・彼得（Tom Peters）和羅伯特・瓦特曼（Robert Waterman），他們在書裡提到同樣模式，運用射擊技術的隱喻描述。射擊技術裡，正常過程是：準備、瞄準、開槍。槍手決定一個目標，然後開槍射射擊。但是，書中作者的研究顯示，卓越的公司不用這種常見模式；他們用另一種相反的模式：準備、開槍，然後再瞄準。他們會先採取行動，然後基於所得到的反饋，再瞄準目標。艾瑞克森運用這種模式，準備、開槍，然後再瞄準。他是如此沉浸在順勢而為的狀態，他知道他可以順勢運用個案所帶來的任何事物，順勢運用個案所產生的任何反應做治療。

現在，我們怎麼知道約翰的表現如何呢？好的，其實約翰是個很棒的被催眠個案。我們會透過他的身體反應知道這一點。當摩爾醫生把一個麥克風放在約翰身上，約翰持續盯著艾瑞克森看，眼睛直盯著，沒有受到任何干擾影響。這個行為就是一個很好的催眠對象的特質。容易被催眠的人是聚焦的，他們對於眼前立即相關的事物作出反應。

然後艾瑞克森給出了一個直接指令，他說，「看著這個方向，」然後指向他書桌上玻璃缸。約翰馬上有反應，看著那個玻璃缸。艾瑞克森接著說話：

艾：……所有不一樣的英文字母——大寫的、印刷體的、小寫的。關於「b」或「d」或「p」這幾個字，你會在這條短短的垂直線上如何放置那個圓圈呢？……這些事情你都必

須牢記在心，同樣的情況也發生在數字上。「6」是顛倒的「9」？還是「9」是顛倒的「6」？「3」的那些腳是指向哪一邊？慢慢地，你構建出心裡的視覺畫面；心裡的視覺畫面會聚焦在你頭腦的某處，把他們永遠放置在那裡。當我在對你說話的時候，你的身體動作改變了，你的呼吸改變了，你的心跳改變了，你的血壓改變了，你的身體反射動作也改變了。當我接著對你說「現在」這個字時，閉上你的眼睛……現在在在在在……

在這段談話裡，約翰更加有反應——同頻到艾瑞克森的建議。譬如艾瑞克森說：「當我接下來說這個字，『現在』，閉上你的眼，」約翰就閉上眼睛，但他又睜開眼睛了。艾瑞克森馬上接著說：「現在在在在……」，約翰再次閉上眼睛，這一次眼睛繼續保持閉著，艾瑞克森接著建議他感覺舒服。

因此，催眠引導結束了，約翰展現了他對於艾瑞克森的喚醒式訊息以及隱藏意義的反應。當個案展現反應時，沒有必要再繼續做催眠引導。

這個催眠引導跟其他早期學習模式的催眠不一樣的地方是，艾瑞克森故意地提到了幾個數字。艾瑞克森不是那種說話和做事隨隨便便的人。他的話語跟他的動作都帶有意義，就像是一個外科手術醫師一樣精準。約翰之前看過艾瑞克森兩次，所以他很有可能聽過這個催眠引導。但為什麼艾瑞克森會重複用一個他以前已經用過的催眠引導？或許是因為他在催眠引導裡額外添加了數字元素。艾瑞克森說：「6是顛倒的9？還是9是顛倒的6？」

我們都知道數字「69」是一種性暗示。當艾瑞克森談論數字6和9，他在引導約翰去思考，或許在某些程度上，他在暗示跟性有關的主題。然後他接著說：「3的腳是指向哪一邊？」現在數字3有一個「三隻腳」的意思。這可能是另一個性暗示。因此，這很有可能，約翰某種程度上會開始聯想到性。儘管他沒有意識到這一點，這也變成治療的一部分。我們不知道為什麼要艾瑞克森要做這種性暗示。他可以暗示一個性器官，或是男性／女性的連結，性別的刻板角色等等。在這個部分，運用數字的隱喻所衍生出來的意義，其實很不清楚，而在艾瑞克森隨後的治療發展裡我們會更清晰些。

在這部分治療裡，最讓我們感到驚訝的是，當提到數字3、6、9時，艾瑞克森用了一個播種的技巧。然後在治療過程裡，隨後演變成是一個在二十五分鐘之後所講的故事，艾瑞克森把數字3、6、9植入在故事裡。再次強調，這樣的策略性播種技巧，在心理治療歷史上是前所未見的。然而，在人類歷史上，播種其實是戲劇的主軸，不論是音樂的作曲，還有文學架構，我們把播種稱之為伏筆（foreshadowing）。在社會心理學術研究裡，這個被廣泛深入研究的技巧，稱之為啟動效應（priming）。當含沙射影地（間接的）提到一個目標，你提升了達成目標的可行性，當在後半段再次呈現出來時，最終會對目標產生重大影響。

下圖是治療過程的視覺呈現。

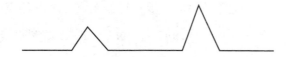

當跟約翰工作的時候，艾瑞克森處在策略性思考的狀態，提前思考著接下來的治療要如何進行？因此他播種一個概念，用來增加之後喚醒式治療的效果。

　　在治療的那個當下，有一個打斷。艾瑞克森在做催眠的時候，電話響起，他接聽了電話。當艾瑞克森在講電話時，學生們關掉錄影機。講完電話後，艾瑞克森接著繼續進行催眠，從他中斷的地方精準地接下去講，就好像這一個打斷從來沒有發生過。艾瑞克森用了一個技巧叫作「結構式失憶」（structured amnesia）（Erickson and Rossi, 1974）。艾瑞克森的催眠沿著一條線進行，然後他被打斷去講電話，然後他又從被打斷的地方繼續接著講下去，就好像這個打斷從來沒有發生過。這個隱含的意思是，那個打斷沒有任何治療價值存在，不需要用頭腦記得。

　　以下的圖表顯示這個過程。一條帶著箭頭的長橫線，代表著「原來的思考模式」；底下的三角形代表「打斷」。叉叉是喚醒的意義，「就好像」這個打斷從來沒有發生過。

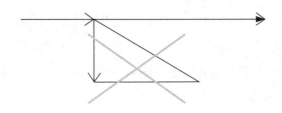

　　艾瑞克森和羅西（Erickson and Rossi, 1974）都有寫到這個技巧，這是艾瑞克森經常使用的主要失憶技巧之一。艾瑞克森擅長在人們的記憶結構上工作。他知道，人們不僅僅是受到他們所記得的

東西影響，同時也受到無意識精微層面所發生的事情影響。

現在我們接下來看資源誘發的階段。

> 艾：然後更舒服地，你感覺到，你將會進入更深的催眠裡。我
> 　　想要你這麼深入地進入催眠裡，就好像你甚至沒有一個身
> 　　體，就好像你自由漂浮在空間，我想要你享受一個自由漂
> 　　浮的狀態。當你漂浮在空間裡，你可以旅行到任何你想去
> 　　的地方——從現在，去到最近的過去，去到很久遠的過
> 　　去。就像「家庭」這一個詞，包含很多世代，我的家庭、
> 　　我自己、（我老婆、）我的小孩、我父母親的家庭，還有
> 　　我的兄弟姐妹、我的祖父母。全部在一起就有三個世代：
> 　　我的曾祖父母、我的叔公、姨公、叔叔和阿姨。學習寫字
> 　　是小時候的經驗，寫字是一個小時候的經驗，那個時候你
> 　　同時也做其他學習。

（我把「老婆」這個詞標示出來，因為艾瑞克森含糊地說了一個字，不清楚他是否在說「我的老婆」。）

在這個階段，艾瑞克森給約翰的第一個概念是一個「自由漂浮」狀態，他說了幾次。如果你對一個心理學家說「自由漂浮」，他馬上的聯想是在學校裡面學到的，自由漂浮的焦慮。但在這個案例上，艾瑞克森講到自由漂浮的舒服，因為他處於一種心理狀態是，如果你有過自由漂浮的焦慮，你也可以有自由漂浮的舒服——同樣的方式，如果你有一個幻肢疼痛，你也可以有一個幻覺愉悅。

艾瑞克森跟約翰說的第二個概念是，如果他漂浮了，他可以

去到任何地方——從現在去到不久的過去，或是去到比較久遠的過去，這時我們很好奇，艾瑞克森並沒有提到未來。艾瑞克森有一個喚醒式技巧是，他會透過刻意不講某個詞，讓聽者自己把空白處填上，連結漏掉的部分。

接下來，艾瑞克森講到了他的家人以及親戚，不同的關係和世代，但在這裡，我們也不清楚說他是否提到他的老婆。如果他故意遺漏而不提老婆，那這跟他沒有講到未來是同樣道理：他想要引導約翰去連接未來以及他跟老婆的關係。現在，在這個階段，我們可以理解為什麼個案會停止聆聽艾瑞克森說話，然後思緒飄走，畢竟艾瑞克森很單調地描述著阿姨、叔叔還有祖父母以及曾祖父母。但是，這個喚醒式元素仍然會產生療效。

首先，艾瑞克森發展出個案對細微線索的反應；然後他誘發對舒服、未來以及家庭的連接。艾瑞克森策略性地逐步做治療——他在心理層面上定義並包含這三個元素。艾瑞克森很自在且有自信地在多層次上溝通。他可以輕易地在表面結構上跟觀眾講話，然後在深層結構上對個案談論著脆弱，觀眾完全不會覺察到他在做什麼。

下一步，艾瑞克森透過回到學習寫字這件事上，把治療做個收尾：「……這跟你小時候其他的學習息息相關」。再一次，我們看到結構性失憶，艾瑞克森在開始時講到小時候的學習，然後治療進行到新的連接，最終回到他一開始沒講完的小時候學習，這就好像治療過程中關於舒服、未來、家庭這幾件事從來沒有發生過。

艾：現在，我心裡想有個任務想要你做，讓你去發現，你可以在脖子以上清醒，因為你不需要從頭到腳都清醒；你可以

從脖子以上清醒。只有你的頭會清醒過來，然後你可以看
到你想看到的事情。

這是艾瑞克森做治療時，進行到資源請求的階段。在治療師做
了催眠引導之後，他可以誘發一個催眠現象。在這案例裡，約翰的
催眠現象是解離；艾瑞克森暗示約翰脖子以上清醒。但艾瑞克森並
沒有直接告訴約翰這樣做；他間接地跟約翰說：「現在我心裡有個
任務想要你做，讓你發現，你可以從脖子以上清醒過來。」額外加
進去的詞「可以」，是一個助動詞，另一個詞「發現」預設了約翰
將會採取的行動（……發現你可以清醒……）。這是一個典型的艾
瑞克森治療方法，他策略性地邀請個案，逐漸增加行為的改變，最
終會導致一個整體改變。

艾瑞克森不僅僅是象徵性地運用催眠現象，同時也是帶有治
療功效的把這變成一個參考經驗。約翰一開始所帶來的問題是：當
他在讀書或寫字時，身體很緊張。現在我們思考一下，當人們讀書
或寫字時，他們應該處在什麼樣的狀態裡？他們應該在一個解離狀
態，頭腦是警覺的，同時身體是放鬆的。因此，如果艾瑞克森可
以給約翰創造一個參考經驗，頭腦保持警覺，身體保持放鬆，那約
翰就可以在其他時間也給自己創造同樣經驗，譬如當他閱讀或書寫
時。

參考經驗創造了一個平行溝通，這可以誘發個案自發性的改
變。這個體驗可以強化個案的獨立自主性。

下一步，我們看到互動式催眠的開始。催眠不再是單方面的溝
通，而是變成一種催眠對話，約翰的身體是睡著的，但他的頭腦是

清醒的，他可以跟艾瑞克森討論他的經驗。

> 艾：你現在對什麼感興趣？
>
> 約：我感覺真的很好。
>
> 艾：什麼？
>
> 約：我感覺真的很好。
>
> 艾：告訴我多一點。
>
> 約：在我的後腦勺就像是有個飄浮在空中的感受。
>
> 艾：什麼？
>
> 約：我感覺在漂浮，或是……在後腦勺有個愉快感覺。

在這一段，我們看到約翰是一個被催眠的好對象，他很合作，而且有反應。艾瑞克森早先告訴約翰，他可以如何有一個漂浮的感覺，而約翰確實獲得那樣感覺。然而，他同時也在無意識頭腦，後腦勺裡感受到漂浮感受。我們看到艾瑞克森和約翰建立一個強烈親密連結的關係；他們彼此同頻共振。一旦艾瑞克森誘發了漂浮感受，我們看到他立刻順勢運用它。治療裡順勢而為的原則是，一旦治療師誘發一個內在資源，治療師可以運用這個反應去強化催眠，或是強化治療效果。以下呈現艾瑞克森如何順勢運用這個感受：

> 艾：好的。小心謹慎地記住那個感覺……因為你想要留住那種
>   感覺。
>
> 約：是的。
>
> 艾：任何時候，如果你想要，你就可以得到那種感覺。當你開

始知道那個感覺永遠都是你的……你將會閉上你的眼睛。

　　艾瑞克森暗示約翰記住那個感覺，但他加了一個形容語「小心謹慎地」，這會產生更具體的效果。這個句子預設了約翰將會記住那個感覺——只是時間的早晚而已。然後，艾瑞克森接著說，「……你想要留住那個感覺……任何時候如果你想要，你就可以得到那個感覺。」在那個當下，約翰可以把這個指令運用到閱讀或者書寫的時候，或者他也可以運用在他跟他老婆的關係中。

　　當艾瑞克森說：「當你開始知道那種感覺永遠是你的，你將會閉上眼睛。」這個句子文法上我們稱之為「暗示結果句」。艾瑞克森說「……當你開始知道……」，他不是說「……如果你開始知道」，他預設約翰將會知道。一個暗示結果句的句型是：當 X 出現，然後就會有 Y；然後 X 跟 Y 作為一種狀態或是行為，都可以互相交換。（參考薩德 2014 年關於催眠語言的形式的《催眠引導》那本書。）當約翰閉上眼睛，這就確認了他開始知道那個感覺是永遠的。同時我們也注意到，艾瑞克森沒有說「當你知道那個感覺永遠是你的，然後你就可以閉上你的眼睛」。相反地，他加了一個詞「開始」，因為如果我們要開始任何事情，都是幾乎不費力氣可以做到。這是很小的一步，而這一步約翰可以輕鬆地達成。最終，一個人可以開始知道任何事。

　　艾瑞克森在我身上也用了類似的技巧。隱喻上來說，就好像他在說：「薩德你可以跨出這一小步……」。然後他會暗示另外一小步……然後再一步。我接受他的暗示，一小步一小步地前進，最終發現我成為一個更好的人。艾瑞克森是如此創新，他會運用微動力

來強化治療。他假設人們可以做到簡單的事情，像是走一小步。但這些一小步很快的累積起來，產生一個重大改變。

艾瑞克森接著說：

> 艾：自由漂浮的感覺永遠是你的……你可以留住那個感覺……成為你功能運作的一部分……（艾瑞克森身體向後靠回椅子）……所有你的回憶。

一旦約翰閉上他的眼睛，艾瑞克森用一種詩意又強而有力的方式誇張他早先的說法。艾瑞克森不再是說「……開始去知道」，因為他假設約翰將會永遠擁有那種感覺。艾瑞克森就像一個藝術家，他在一個已經是令人驚艷的畫作上面加了更多複雜的筆觸。他對約翰說，這不僅會變成他記憶的一部分，而且也會是記憶運作功能的一部分。這在記憶的過程裡加上另一個層面，是一種更加精鍊的技巧。

再一次，艾瑞克森順勢運用個案所呈現的事物。約翰從催眠中清醒過來說，他有了漂浮的感覺。艾瑞克森跟隨漂浮的感覺走，將它進一步發展成約翰記憶功能運作的一部分。

在下一個部分，艾瑞克森把這個漂浮的感覺用其他的方式來操作。

> 艾：你可以想起一些小時候的經驗……美好感覺。你可以想起一些高中時發生的事……跟那個感覺連接……還有一些大學的經驗……跟那個感覺連接。（艾瑞克森做一個深呼

吸，然後打哈欠。）當你有那個感覺……自由漂浮……這麼愉悅、這麼舒服……你需要知道……你可以找到那個感覺……在你的手臂上，在你的手腕上，在你的腿上，你的腳踝上，你的胸口，你的背……就只是延伸那個感覺。（電話響起，錄像停止。）

在這個部分，艾瑞克森把漂浮的感覺——約翰在催眠裡獲得的資源——進一步發展，使它成為約翰記憶的一部分。艾瑞克森讓約翰回溯到從前，因此他可以練習擁有同樣漂浮的感覺，在念研究院的時候、高中時候、大學時候——所有在學校唸書的時候，當時學習、閱讀、書寫，還有人際關係，都是很重要的。艾瑞克森在這裡使用的回溯技巧稱之為「改變歷史」。不僅僅是治療師可以幫助個案改變當下的問題，治療師也可以在催眠裡暗示，因此個案用不同的方式記得他的過去。

艾瑞克森幫助約翰體驗到，他可以在身體的不同部位有同樣的漂浮感覺。艾瑞克森運用「準備、開槍、瞄準」的技巧，無論個案帶來什麼，他知道他可以順勢運用，更進一步提升治療效果。如果約翰有一個溫暖感覺，而不是漂浮感覺，艾瑞克森可能說：「我希望你小心仔細地記得那一個溫暖的感覺，」然後進一步在約翰的記憶和身體裡發展治療。無論約翰在催眠引導之後感覺到什麼，艾瑞克森都會拿來運用。這是一種絕對安全的做法。

在治療裡，無論個案帶來的是什麼，我們都可以視為一種資源加以運用。治療師可以平行地順勢運用資源，然後進一步發展用來幫助個案，運用來解決個案的問題狀態。

在下個部分，艾瑞克森回到「解離」的概念。

艾：再一次，我邀請你從脖子以上清醒過來。（艾瑞克森看著地板說話；約翰睜開眼睛。）現在，你最後做的一件事是什麼？

約：什麼時候？什麼是我最後做的一件事？

在這個部分，艾瑞克森運用一個模糊的問句，作為一個分散注意力的技巧（這也是一個失憶技巧），這個技巧在他叫約翰從催眠裡清醒過來之後立刻使用。如果你在人們專心做某件事之後，立刻讓他們分散注意力，他們通常會忘記他們剛剛正在做的是什麼。

當艾瑞克森讓一個個案分心時，他很小心的選擇他的話語，因為這些話有一個策略性目的，用來發展治療。

約翰對艾瑞克森說，「什麼時候？什麼是我最後做的一件事？」然後艾瑞克森回應：

艾：（很溫柔的、看著地板說）昨天。（艾瑞克森突然帶著期望的眼神看著約翰。）

約：我昨晚去睡覺。

艾：在那之前？

約：（輕聲說著）我想我吃了某個東西。

艾：嗯嗯嗯……

約：我吃了些東西。

艾：有什麼不尋常的事情是你可以告訴陌生人的嗎？（艾瑞克

森在說話的時候搖搖頭，然後轉頭看著攝影機。）

約：關於昨天嗎？

艾：嗯嗯嗯……

約：關於昨天嗎？

艾：嗯嗯嗯……

約：我想不起任何事情。

現在，約翰在昨晚去睡覺之前，最後做的一件事情是躺在床上，他老婆身邊。在一個精微層面上，艾瑞克森創造了一個親密關係的連結，但是這是建立在一個漂浮感覺的情境上的。艾瑞克森把這些漂浮感覺連結到約翰的親密關係、私人生活的部分。一旦艾瑞克森創造了這個連結，他很快轉移到另一個體驗，下一個催眠現象，同時也是象徵性的。

我們要知道，艾瑞克森使用平行式溝通，因此不太可能現場的同學們可以理解艾瑞克森跟約翰的對話裡存在著親密關係的成分。然而，因為我們現在是小心仔細地觀看每個部分並分析他們，我們比較容易理解艾瑞克森談話裡的意圖，這是用來喚醒約翰的一個有效狀態。

接下來，約翰繼續思考著他前一天做了什麼。

約：我坐飛機來這裡……

艾：（身體往前傾，）你有發現你自己不能站起來嗎？

約：（看著自己的腳，約翰注意到，然後輕聲笑了；然後他看著艾瑞克森。艾瑞克森坐回去。）我站不起來。

艾：這是一個很好的學習⋯⋯給所有人⋯⋯把你有的連結帶進來⋯⋯（艾瑞克森再一次身體往前傾）你回想到生命的第一年，你幾乎有一年的時間無法站立。你那時確實有舒服的感覺⋯⋯很好，很舒服的感覺。你認出一個事實，在你的人生當中，當你熟睡時，做夢時，你在游泳或是吃東西，或者探望朋友⋯⋯在你的夢裡所有事情都是這麼真實。但你沒有移動身體的任何部分。（電話鈴響；艾瑞克森伸手去接電話，攝影機停止⋯⋯然後再次開始，艾瑞克森從他被中斷的部分，精準地接著說話。）然後你的夢境如此真實，你連被子和床單都沒有移動一絲一毫。你可能是很安靜的躺著⋯⋯舒服的⋯⋯你的真實夢境⋯⋯可能在湖裡游泳，在森林裡散步，或是爬樓梯。但你的身體非常舒服的躺在床上，只是你並不知道這一點。

　　當電話鈴響中斷了艾瑞克森的催眠，艾瑞克森提供了一個嵌入指令給約翰：「但是你的身體一點都沒有移動，」約翰真的就沒動身體。在電話結束之後，艾瑞克森繼續他的催眠，就好像從沒有任何中斷。

　　我相信艾瑞克森在最後的這部分所做的事，就是再一次把床和舒服連結一起。在較早時，有個催眠暗示，是一個催眠現象：艾瑞克森問約翰，他是否發現自己無法站立，約翰笑了，並且說，「我不能站立。」艾瑞克森接著說，這是一個很好的學習，可以連結到小時候——特別是一歲之前。但是我們記得，這是在一個性暗示或是男子氣概的情境下說的。因此，這可以是一個慈愛的父親跟兒子

說話，關於性這件事，有時候你可能無法站起來（意指勃起），這也沒關係；這對每個人都是很好的學習。另一方面，這也可以是一個性別的參考經驗，關於男孩或是男人。當艾瑞克森建立了一個「無法站起來」的象徵時，這變成一個懸而未決的事件，他之後會回頭處理。

> 艾：（轉向瑪莉，約翰的太太。）瑪莉……回到過去……回到久遠的過去……或許回到你還繫著馬尾的時候……看見某件有趣的事。

　　艾瑞克森邀請瑪莉回到她的兒時回憶。這很不尋常，因為艾瑞克森並沒有幫瑪莉做催眠引導。但是，瑪莉的眼睛閉上了，或許艾瑞克森把這個當作一個訊號，瑪莉希望艾瑞克森幫她做些什麼。但是，為什麼艾瑞克森要談論馬尾？在我多年研究艾瑞克森的經驗裡，這就像是他在播種一個概念，之後他會再回來，就如同他幫約翰播種一個概念，無法站起來，以及數字 3，6，9。

　　我們都知道，瑪莉對於艾瑞克森催眠的回應，不同於約翰的回應，因此我們再來看一下艾瑞克森如何改變他的技巧來幫助瑪莉。

> 艾：緩慢地，逐漸地，回到過去當時……你會睜開眼睛，告訴我你看到什麼好玩的事。緩慢地睜開眼睛。告訴我你看到什麼。
>
> 瑪莉（以下簡稱「瑪」）：我沒有看到任何好玩的事。我看到馬尾，然後我在思考我頭髮的那個部分。

艾：你在幹嘛？

瑪：我看到我的馬尾，想著我頭髮的那個部分。

　　如果艾瑞克森對約翰說同樣的話，約翰會緩慢地睜開眼睛，但是瑪莉立刻睜開眼睛。我不確定艾瑞克森是否知道瑪莉會這樣做，但是這裡很有趣的是，他跟瑪莉說「……非常緩慢地」。

　　瑪莉某種程度上是配合的，因為她記得馬尾。但是她同時也展現獨立反應：她很快地睜開眼睛，同時談論沒有看到「有趣的事（某件獨特或是特別的事）」。她同時也很輕聲地跟艾瑞克森講話，儘管我們都知道艾瑞克森聽力不好。

　　接著我們看到艾瑞克森如何與瑪莉工作，當他沒有得到他想要的反應時。

艾：你當時的穿著什麼衣服？

瑪：恩……紅色短袖。

艾：閉上眼睛……回到過去，看，睜開你的眼睛，看看……你在學習。很緩慢地睜開眼睛。（瑪莉很快睜開眼睛。）

瑪：（很輕聲的說話）我在想著一件橘色衣服。

艾：一件什麼？

瑪：一件橘色衣服——橘色白色相間。是在夏天時刻。我想是一件七分褲。

　　再一次，瑪莉的回應帶有一種阻抗，因為她很快睜開眼睛。瑪莉沒有如艾瑞克森期待作反應；她有些回憶，但不是全然處在過

去時間裡，儘管她記得穿著不一樣的衣服。同時，瑪莉繼續輕聲說話，儘管艾瑞克森要她大聲點。

> 艾：（專注地看著瑪莉）閉上你的眼睛，真的回到過去……真的回到遙遠的過去。（停頓。）當你再次睜開眼睛，你會聽到我的聲音，卻沒有看到我。現在，你可以大聲說話，直白地說話……回到遙遠的過去。（停頓。）現在緩慢地睜開眼睛。

再一次，艾瑞克森邀請瑪莉緩慢睜開眼睛。然而，再一次，她沒有配合艾瑞克森的暗示。現在，因為艾瑞克森沒有得到他想要的反應，他試著去激發一個比年齡回溯更困難的反應。他邀請瑪莉表現一個複雜的負面幻覺：睜開眼睛，聽見艾瑞克森的聲音，卻沒有看到他。瑪莉這段時間並沒有完全年齡回溯，也沒有配合地緩慢睜開眼睛。當艾瑞克森要她示範一個更複雜的催眠現象，她當然無法做到。

瑪莉是透過內在控制來運作的人；她關注內在的事物，相反地，約翰則是更加專注在外在事物的人。因此，艾瑞克森運用一個矛盾技巧，讓瑪莉在社交層面上「贏了」，因為她會阻抗催眠暗示，但是透過這樣做，艾瑞克森也贏了——在心理層面上——因為她會看見他，然後更加專注在外在。

有研究催眠的人會知道，艾瑞克森在運用一種技巧稱之為「分餾」（fractionation），這包含了很短暫的催眠進入以及催眠離開。分餾會帶給天真的個案一個獨特體驗，在催眠狀態裡凸顯出清醒狀

態存在。

因為艾瑞克森有聽力障礙，他告訴瑪莉說話大聲點，但是瑪莉
持續講話輕聲細語。

艾：你看到什麼？

瑪：我看到你。

艾：什麼？

瑪：我正在看著你。

艾：你正在什麼？我是誰？

瑪：你是艾瑞克森醫師。

艾：但我不在你的回憶裡。我們在哪裡？

瑪：我們在這裡。（點點頭）

艾：這不是在那裡（瑪莉搖搖頭）。再次閉上眼睛……你開始
　　學習……如何回到過去……（艾瑞克森看向地板。）回到
　　一個你還不認識我的時間點；遠在你認識我之前。（艾瑞
　　克森向上看。）當你準備好，緩慢睜開眼睛，看見某個不
　　一樣的東西，有些淘氣的東西。緩慢地睜開眼睛，看見某
　　件你在做的淘氣事。緩慢地睜開眼睛……你做了什麼事？

瑪：（搖搖頭，用一種輕聲細語、甜美的聲音說話。）在你說
　　思考一下淘氣的事情之前，我看見自己坐在家的後院。我
　　可以看見盪鞦韆以及我的狗，當時她是隻小狗……這就是
　　我剛剛在想的事。

艾：這不是在那裡。（瑪莉搖搖頭表示不是。）

最終，瑪莉緩慢地睜開眼睛。當艾瑞克森邀請她去看見自己淘氣的樣子，再一次，這是一個平行技巧，象徵的平行用法，因為她在那個當下所做的事情，在他數次請她說話大聲些之後還輕聲細語對聽力有障礙的艾瑞克森說話，就是一種淘氣。因此平行來說，艾瑞克森再次掌控全局，暗示性地描述一種阻抗現象，這是艾瑞克森眾所皆知的高超做法。

　　而就當艾瑞克森跟瑪莉在互相較力的過程中，約翰進入了深深的催眠裡。或許約翰進入到相同的飄浮感受，這對於改善他和瑪莉的親密關係是很有幫助的。約翰其實也可以保持漠不關心的狀態，他不需要連結到瑪莉的社交／情感模式裡。

　　在下一段，我們會看見艾瑞克森跟約翰工作，以及艾瑞克森如何反轉那個「無法站起來」的象徵性暗示。

艾：你依然保持那個美好感覺嗎？

約：是的（微笑）。

艾：你想要繼續保持這樣？

約：是的，我感覺很棒（更大的微笑）。

艾：現在你可以帶著那個美好感覺站起來。（約翰站起來，動
　　一動雙手，看起來很開心，然後坐回椅子上。）

約：我感覺非常棒。

（下一段我們在這本書前面章節有解析過，這裡再次重述是為了更進一步瞭解。）

艾：（身體向前傾，表示他要接著說話。）

在威斯康辛的某個寒冷的日子，那是冬天，一個星期六……我當時念高中，我爸爸有個送牛奶的路線。當他從不同農場裡收集牛奶，把這些牛奶帶到一個濃縮工廠，九英里遠的地方，這花了他一整個下午的時間，收集牛奶並送到濃縮工廠。他在朱諾那個地方有個安排，可以讓馬匹休息，讓馬可以吃草，休息一下，同時他也可以在朱諾溫暖的廚房裡吃午餐。那天很特別，室外是寒冷的零度；我幫我爸爸送牛奶。我把馬匹栓好，給他們草和水，然後敲打朱諾家的門，表明我是誰，然後進到廚房裡。接著，我把我的外套和鞋子脫掉，有個六歲的小女孩走進來，在我身邊走來走去，把我從頭到腳細細打量了一番，在我身邊來回走了三遍。然後，小女孩走到她媽媽身邊，問說：「這個陌生男人是誰？」當時，我知道自己是個農場男孩，就只是一個十六歲的農場男孩。當那女孩問她媽媽「這個陌生男人是誰？」我感覺自己的男孩氣息滑落肩膀。瞬間感覺男人氣概光輝降臨在我肩膀上。我從此不再是個男孩了。我成為一個男人。我感覺像個男人。我看起來就是個男人。我思考像個男人。我就是男人。

那個小女孩所問的問題「這個陌生男人是誰？」，產生了一種永久效應……因為每個成長中的男孩都想要成為男人，迫不及待地。每個成長中的男孩都想要舒服自在地作個男人。他想知道自己擁有男人的力量，做這個，做那個，同時在做的時候感覺舒服自在。閉上你的眼睛，真的感受一下這個小故事。

約：是的（微笑）。

這裡我們看到主要治療方法：一個賦予能量的故事，一個男孩如何發現自己變成男人，透過一個小女孩而產生的經驗。我們發現，艾瑞克森只有在約翰能夠站起來之後才說這個故事。他這樣做的目的是，約翰可以藉此獲得當個男人的成就感（舒服自在地當個男人），在他老婆瑪莉面前。這個治療方法的絕妙之處不僅在於說那個故事，同時艾瑞克森也回到了數字 3，6，9 這件事上；他在治療早期就已埋下伏筆。牛奶提煉廠是九（9）英里遠，小女孩是六（6）歲，她繞著艾瑞克森走了三（3）圈。

　　我相信艾瑞克森打從一開始就知道，他在之後要講什麼故事。這是一個很棒的故事，同時約翰的老婆瑪莉也剛好在場。艾瑞克森接著轉身向著瑪莉，繼續從一個瑪莉會理解的角度講故事。

艾：（艾瑞克森對瑪莉說）每個小女孩有時候都想要成為一個女人。現在，閉上眼睛，真實地強化你所有的感受，感受你的周圍環境，當你確信你已經是一個女人。現在，有些小事比一個小女孩告訴一個小男孩某件事來得重要的多，小男孩聽到之後立即改變成為一個男人。（艾瑞克森停頓。）這個女人的名字是維吉尼亞。她有個妹妹叫德拉。我從來都不知道小女孩的名字是什麼。我現在站在廚房裡，面向東方。維吉尼亞是小女孩的媽媽，就在我右邊幾步遠。小女孩就在我的正前方三呎遠，好奇地看著她媽媽，問著，「這個陌生男人是誰？」小女孩是金髮的。她頭髮紮著馬尾。她穿著白色的衣服。我不知道我是否還會見到她。

瑪莉可以感同身受故事裡的女性，就像約翰可以感同身受故事裡的男性。我們注意到艾瑞克森如何再次提到馬尾，這是他在一開始時安排的另一個巧妙傑作。但是，艾瑞克森並沒有立即講這個故事，他等到約翰和瑪莉都在深刻的催眠狀態裡才說這故事。約翰一直反應都很好，但是艾瑞克森等到瑪莉緩慢地睜開眼睛（他已經問了她三次），艾瑞克森才說這故事。

　　艾瑞克森是處理阻抗的大師。或許是因為他在農場長大，他知道為了要有一個肥沃的土壤以方便催眠反應出現，在種下種子之前，他必須先鬆動土壤。就好像艾瑞克森腦子裡想著送牛奶的故事，但他沒有要說這故事，直到他看見個案有很好的催眠反應。他首先是先播種一個想法。透過說這個故事，他把在親密關係裡作為一個男人以及作為一個女人的感受，很自然、舒服地帶出來，某種程度上，他幫助這兩人再次結婚。

　　現在，艾瑞克森再說另一個故事，關於他在大學時期的趣事。

艾：我不知道我是否會再次看見她。我上大學的第一年……一年級生與二年級生……比賽推球遊戲——一顆很大的球，直徑大概四公尺半——把它推過一片泥濘地。我不記得哪一隊贏了。有些學生站在贏的那一邊……我並沒有參加，我站在丹佛·泰克麥爾身邊，他也沒有參加。幾個站在贏的那邊的學生喊叫著：「讓我們去慶祝一下，打破一些窗戶，拉一些手推車去撞路邊的車子。」丹佛拒絕參與，我也是。丹佛說：「他們怎麼不能像個男人？我知道我就是個男人。」他稍後獲得威斯康辛州立大學的羅德獎學金。

（艾瑞克森搖晃他的頭，就好像他在睡覺。）當丹佛說：
「他們怎麼不能像個男人？我知道我就是個男人。」我就
回想起我成為男人的那個時刻。在你的記憶裡有許多關鍵
的回憶，會在你的夢境裡浮現；一個突然的回憶乍現；他
們可能帶來新的洞見和理解，對情境的更新感受。

艾瑞克森的喚醒式故事重點是：不要沉浸在沒意義的泥濘裡搏
鬥。相反地，要體會到成熟男人和成熟女人會有成熟的作為；男孩
和女孩的行為通常跟成人不一樣。艾瑞克森回想起他成為男人的時
刻，他試著在約翰和瑪莉身上喚醒「關鍵體驗」的回憶。最終，他
邀請約翰回想起成為一個男人，他邀請瑪莉回想起成為一個女人。
他也邀請這兩人跟他一起記住那個時刻。在說明這段過程時，我決
定稱之為「過程指引」，因為它指引個案如何順勢運用已獲取的資
源。這是一種喚醒式模式，幫助人們理解如何運用已獲得的資源。

接著，艾瑞克森與約翰談論閱讀與寫作，提供他的洞見。令人
好奇的是，艾瑞克森是在與約翰工作的最後，才提出他對問題的洞
見。這是甜點，不是主菜。

艾：一個小男孩正在學習寫字，扭動著肩膀、身體、腳，齜牙
咧嘴，掙扎著畫出一條短小的豎線，然後是一條短小的水
平線，接著是一條短小的向下垂直線，寫出字母「R」。
當他第一次寫這個字母的時候，他運用了全部身體。隨著
年齡增長，他的書寫就會固定在手部，而離開了身體、
臉、腳。他用手來寫字，身體其他部分覺得很舒服。看著

一個孩子學習閱讀，他扭動脖子，建立新的平衡，動動他的頭，把頭傾斜到一邊，然後是另一邊。當他想說那個字的時候，齜牙咧嘴。他全身肌肉都參與其中。最終，孩子學會了用眼睛閱讀……學會了不用嘴巴閱讀。舒服地閱讀，並永遠放棄了曾經有用，但不再有用或不再理想的身體行為模式。而很快地……我要喚醒你了。

在這個部分，艾瑞克森間接提出他的看法，他談及兒童在學習閱讀和寫作時，最終會放棄他們學習過程中所使用的身體行為模式，艾瑞克森暗示約翰也可以在閱讀或寫作時，放鬆緊繃的肌肉和僵硬的姿勢。艾瑞克森其實可以創造另一種解釋，但他選擇用童年背景下的一個溫和解釋。一個人的意識心智會想要知道為什麼。為什麼我有這個問題？所以艾瑞克森為約翰的問題提供了一個解釋。但他其實可以直接說約翰是因為以前的創傷事件才會有這樣的問題，這也可能提供相同效果。

艾瑞克森是一個敏銳的行為觀察者，他透過觀察自己的孩子——所有八個孩子，瞭解很多關於孩子的事情。艾瑞克森運用他的觀察來增強治療和／或催眠的效果，這段關於孩子如何學習的描述就是一個典型例子。

在下一段中，艾瑞克森回到了從脖子上清醒過來的主題，他接著繼續與瑪莉工作。摩爾博士看著，然後打斷了他。

艾：你可以自由地談論任何你想要談論的事情。你可以自由的從脖子上醒來。（約翰和瑪莉脖子以上清醒過來。）

摩爾博士：從脖子以上清醒過來是一件很好的事。（微笑並拍
　　　　打瑪莉的膝蓋。）

　　當時，摩爾博士試圖幫助艾瑞克森，他想證明瑪莉的身體是麻
醉麻痺的，儘管她的脖子以上是清醒的。但我不認為摩爾博士意識
到艾瑞克森在喚醒層面所做的事情。艾瑞克森、約翰及瑪莉一起創
造了某種親密時刻，突然間一個陌生男人把手放在瑪莉的膝蓋上。
當然，艾瑞克森順勢運用了這個尷尬時刻，創造了一些有幫助的東
西，更深入催眠。

　　艾：這只會讓妳在心裡想到一個問題。這不是很奇怪嗎？妳
　　　　只想到一個問題。
　　瑪：不會很奇怪，當他這麼做的時候我有感覺。
　摩爾：她說當我這樣做時，她有感覺。
　　艾：一般而言，妳會怎麼反應？還是只會有些感覺？
　　瑪：我不知道我會如何反應。平時人們不會拍打我的膝蓋。
　　艾：如果他們這麼做呢？
　　瑪：我會覺得很奇怪。
　　艾：那妳這次是怎麼想的？你的想法就只是感覺到它。
　　瑪：（輕聲說）不是。（搖頭。）
　　艾：我想，如果瑪利安（摩爾）走進一家餐廳，拍了一個女
　　　　孩的膝蓋，她一定會忍不住有話要說。
　　瑪：我發現當我在聽你說話的時候，我閉上眼睛；我是在聽
　　　　你說話，但某部分的我在聽你說什麼，另一部分的我在

思考我在做什麼、我的手在哪裡。而且，呃，我覺得我
同時在兩個地方……因為一部分的我非常想要清醒地知
道發生了什麼事，同時我也希望能夠進入催眠狀態，不
去意識到發生了什麼。

艾：那你這次是怎麼想的？你的想法僅僅只是感覺到它。

瑪：（輕聲說，）不是。（搖頭。）

　　瑪莉要求艾瑞克森幫助她進入催眠狀態，同時又不要太清
醒——不要覺察到太多。這是她第一次公開請求艾瑞克森幫忙。在
此之前，艾瑞克森試圖讓瑪莉理解，讓她覺察到她對摩爾博士的拍
打她膝蓋沒有反應，跟平常有人拍打她膝蓋時的反應不一樣。他啟
發性地指出，她是在催眠中有反應，但她沒有完全接受艾瑞克森的
推論。那麼艾瑞克森如何回應這個呢？他的回應是，更深入她的過
去，尋找她曾經有過、完全沉浸其中卻沒有意識到周圍環境的體
驗。

艾：當妳睡著，進入夢境，妳會做什麼？妳知道妳能做到。有
　　什麼東西阻止你，讓你不能現在做？今天？明天？下週？
　　（艾瑞克森向後靠，期待地看著。）

瑪：嗯，我可以。

艾：沒錯，妳可以的。妳為什麼不呢？（艾瑞克森凝視著瑪
　　莉。）

瑪：我想，有某部分的我真的想知道正在發生的一切情況。

艾：那妳為什麼沒有注意到外面車子的聲音呢？

瑪：我想有某部分的我真的想知道正在發生的一切事情。

艾：那妳為什麼沒有注意到外面車子的噪音呢？妳想知道其他
　　正在發生的一切情況。

瑪：什麼？

艾：如果妳想要知道其他正在發生的一切事情，妳為什麼沒有
　　注意到外面車子的聲音呢？

瑪：我有在聽。

　　艾瑞克森試圖為瑪莉提供參考經驗，然而，她卻頂嘴，說自己
有在聽交通噪音。艾瑞克森的辦公室位於一條大馬路旁，在會談期
間，經常有噪音。但艾瑞克森從來沒有提高音量來試圖讓學生聽清
楚。他做的是一種精微的失憶技巧，這樣病人或個案就不會意識或
覺察到交通噪音。

　　艾瑞克森為瑪莉提供了一個機會，讓她去回應並認出自己確實
擁有資源，能夠忽略周遭環境。但她不太接受艾瑞克森幫她打造的
理解方式。

艾：（長時間沉默）我不太知道是什麼時候，昨天晚上還
　　是今天早上，我親自進行了一趟〈我，克勞狄斯〉（I,
　　Claudius）生活時代的旅程。那真的很噁心。妳知道我在
　　說什麼嗎？

瑪：（搖頭否定。）

艾：（往下看）〈我，克勞狄斯〉——羅馬時代——關於羅馬
　　統治者的電視節目，他們的家庭生活，他們的下毒，他們

的處決，他們的腐敗？我仔細地看了。我不知道我跟誰說
了我對那種生活方式的看法。我把我對它的看法一五一十
地說了出來。它看起來是如此空洞的生活方式。這是一次
不錯的小旅行，我不知道我來自這裡，我當時在那裡了。
（看著瑪莉。）

這一次，艾瑞克森提供了一個自己的參考經驗——當他專注沉
浸在一種體驗中，他不知道周圍發生了什麼事情。艾瑞克森試圖在
瑪莉身上誘發類似體驗。他不僅在說自己全然專注，而且在這個故
事中，他又回到了無意義的鬥爭這個主題；一個無意義的家庭內部
鬥爭。

艾：（沉默，等待瑪莉）我不知道我是否已經問過妳了。妳能
　　告訴我，從那張椅子上進入隔壁房間，所有可能的方法
　　嗎？

艾瑞克森使用的是多年前在我身上使用過的一種技巧。（他經
常使用會談中的任務來暗示一個治療主題）。我熱情滿滿地回答，
列出我能想到從椅子進入隔壁房間的所有可能方法。但瑪莉的回答
更直接些。她回答說，她可以走、爬、跳、跑、蹦，或甚至從這
個房間滑到下一個房間。我們不同的回答指出不同的人格結構。然
而，這個會談內任務的喚醒式話題是可以靈活運用的。

瑪：（深思）我大概可以告訴你一些如何從這張椅子到隔壁房

間的方法。

艾：好的，告訴我。

瑪：（思考）我可以走路，或者我可以爬行；可能有很多不同
　　的爬行方式。我可以跳到那邊去。我可以跳進隔壁房間，
　　也可以跑進隔壁房間，或我可以蹦進隔壁房間。這些都是
　　一些方法。或我可以用這把椅子滑到隔壁房間。

艾：（笑）我不知道。

　　在接下來的這個段落中，艾瑞克森更深入地展開了關於靈活
性的主題。艾瑞克森意識到人們是如何形成無效的僵化模式。於
是，他講了一個令人愉快的故事，講了他三歲兒子是如何發展出對
世界的理解。然後，他跟瑪莉分享他母親最喜歡的詩人，華茲渥斯
（Wordsworth），並朗誦了一句，隨著孩子年齡的增長，他們失去
一些靈活看法，最終變得更加僵化。

艾：有天下午，我三歲的兒子坐在桌子前面。他看到一個奇怪
　　的甜點。他小心地看著它。他嚐了一小口。他的面部表情
　　說：「沒事。」他又嚐了一小口，一隻眼睛閉上了。似乎
　　還可以。於是他又閉上另一隻眼睛，嚐了一小口。似乎還
　　是沒有問題。然後他又閉上雙眼，嚐了一小口。結果似乎
　　還可以，所以他又嚐了一小口，站了起來。他坐在地板上
　　又嚐了一小口。然後他躺在地板上又嚐了一小口。然後他
　　拿湯匙，嚐了一小口，走進了另一個房間。在那裡似乎都
　　是好的。他又嚐了一小口，走出去到後門廊。在那裡似乎

都是好的。他又嚐了一小口，走到後院去了。在測試過所有可想像的方式和所有可想像的情況，他發現這很好之後，他吃完了全部甜點。（艾瑞克森看著瑪莉）妳甚至沒有想過要從這個房間倒退走到那個房間，或者閉著眼睛。妳甚至沒有想過穿過那扇門走出這扇門。（瑪莉笑了。）

瑪：是的。

艾：華茲渥斯在《不朽的暗示》（*Imtimations of Immortality*）中說：「監獄的陰影開始向那個正在成長的男孩靠近⋯⋯」而我們教育的一部分，就是學習施加於我們行為上的所有限制。而為什麼我們要對如何從這個房間到那個房間這樣簡單的事情自我限制呢？而妳限制了你自己。為了讓你更清楚些，我可以從這個房間到那個房間，穿過這扇門，到屋子裡，叫計程車，前往機場，訂機票飛到芝加哥、紐約、倫敦、羅馬、雅典、香港、檀香山、舊金山、鳳凰城，叫計程車，來到 1201 東海沃德路，通過側門，進入後門，最後回到這個房間。（瑪莉微笑。）

最終，艾瑞克森有了一個更靈活、更間接的問題解決方法——需要跳出框架的思考——艾瑞克森很精通這一點。透過講述那個三歲男孩的故事，就好像艾瑞克森在餵瑪莉吃甜點一樣⋯⋯就好像他在說：「也許妳不必這麼小心翼翼、疑神疑鬼。妳可以從我這裡接受一些好的、甜美的、可愛的東西。」然後艾瑞克森用一系列簡短的小故事，幫助瑪莉獲得更多對靈活性的理解。

艾：妳在大學的食堂裡看到，很多大學生都是獨生子女。而作為獨生子女，他們學會了吃飯時坐在這邊，父親坐在那邊、母親坐在那邊。所以他們在食堂裡徘徊著尋找桌子，並且在會坐在桌子的西邊。（艾瑞克森看著瑪莉，停頓了一下。然後他往下看，繼續說。）妳會看到大學生坐在他們的桌子上，那裡坐著女孩子（girls，原文如此）也有男人（men）。然而妳會看到，偶而有學生沒有辦法坐在有男同學的桌子。那她們就得挑一個全是女同學的地方。男人也是一樣，因為他們沒有兄弟姊妹。（艾瑞克森抬頭看了看瑪莉，然後低頭繼續說。）而母親對於成長中的孩子來說，是一種無性別的生物。她是一個成年人，即使父親也是如此，因此因著他與兄弟的關係，或者與姊妹的關係坐下來。（艾瑞克森低頭看了看，又看了看約翰。他扭動著肩膀，微微扭曲著身體。）當你學習寫字時，你做了所有這些事。（約翰跟隨艾瑞克森的身體動作移動）你為什麼要留著這些感覺？我覺得它們是不舒服的。

約：我保留哪些感覺？

艾：當你學習寫字時……（艾瑞克森又扭了扭身體。）那種學習寫字的過程中折磨人的身體動作。

約：我可以只用手來寫字。（約翰默演寫字動作。）

艾：那為什麼要留著這些感覺，不舒服和疲憊的身體感覺？

在這個段落中，艾瑞克森透過提供一個關於許多大學生不靈活的故事，來溝通靈活的概念。艾瑞克森擅長講一系列小故事來引

導聯想。他也對我用過這個技巧，只不過他跟我講的故事是關於兒童的不靈活，這也許反映我當時的成長水平。而當他給我講這些故事的時候，我就會笑著在內心裡想著：「我才沒有那種可笑的僵硬，」不過當然，他的故事讓我更深刻地檢視自己的行為。

比爾・歐漢龍（Bill O'Hanlon）指出艾瑞克森使用的模式，他稱之為「問題不同層面／解答不同層面」。

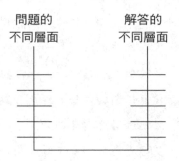

問題的　　　　解答的
不同層面　　　不同層面

在治療中，病人會跟艾瑞克森描述他或她的問題，他們常常用說故事的方式來敘述自己問題。譬如，病人可能會講失敗的故事。相反地，艾瑞克森可能會講關於將失敗轉化為成功的故事。如果個案講他與妻子僵化關係的故事，艾瑞克森可能會講關於靈活性的故事，這會帶出更好的效果。在跟約翰和瑪莉的工作中，他講了一系列關於僵化不靈活的故事，其中幾個故事很幽默。

艾：我大學時有個朋友。我拿起一片吐司抹上奶油，撕成兩半然後開始吃。我可以看到他臉上痛苦的表情。我想知道為什麼。我又抹了第二片奶油。他再也忍受不了這種痛苦。

他說：「你怎麼沒學會如何吃吐司？」他向我解釋，你要把吐司切成兩半，然後再切成四分之一。你每一次抹四分之一的奶油。（哄堂大笑。）他是如此驚恐與痛苦。然而，我有效地同化他，他最終可以抹整片吐司。（艾瑞克森同時對約翰與瑪莉說話）你可以想想所有你限制自己的事情？

艾瑞克森講完故事後，有時會進行總結。對於約翰與瑪莉，艾瑞克森邀請他們思考自己在生活中的僵化模式。

艾：（往後靠在椅子上）我非常欣賞我三歲兒子在所有可能的條件和所有可能的情況中，測試一種新的甜點。我認為他作為一個三歲的孩子，做得非常好。他正在用這些學問來處理當今的狀況。他最近發現自己已經三十一歲了。

約：他三十一歲的時候發現了什麼？

艾：他已經三十一歲了。當他在高中教書的時候，他自由地審視學生的行為和周圍的事物。你認為你是清醒的嗎？

約：我想我部分清醒。

艾：（對瑪莉）妳認為妳清醒了嗎？

瑪：（點頭）是的，大部分。

艾：妳停頓了很久。這對妳來說代表什麼？

瑪：嗯，我的手感覺沒有完全清醒。

艾：你確定你的眼睛感覺完全清醒？

瑪：我想是的。

艾：你現在一定知道妳不是。妳的眼睛不是。妳花了很長的時間才發現這一點。（瑪莉微笑。）看看他（意指看約翰），他已經失去了他正常的眨眼反射。他表現出和你一樣的靜止不動。（對約翰說）而她表現出和你一樣的靜止不動，對嗎？

約：除了她的眉毛偶爾會豎起來。

艾：那你有注意到在點頭時的言行重複嗎？你知道你如何消極地點頭？

　　艾瑞克森跟瑪莉提到了言行重複，這是一種無意識重複的持續性動作或表情。當被催眠的個案言行重複時，有時候代表著她正在體驗催眠。

　　會談的最後，艾瑞克森回到他三歲的兒子身上，以及他是如何讚賞兒子嘗試一種新的甜點時所獲得的靈活性。然後，他轉入這些童年學習如何使他的兒子在成年後獲益，以同樣的方式，它們也可以幫助約翰和瑪莉得到好處。接著，艾瑞克森確認催眠，特別針對瑪莉，也讓約翰帶頭；同時艾瑞克森指出，約翰和瑪莉都在體驗類似過程。

　　以下是一個時間軸，總結這個會談的過程。

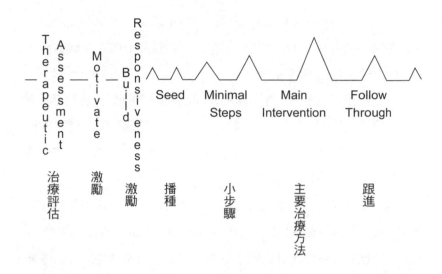

評估時間很短，剛好夠確定一個目標。催眠引導可以作為建立催眠反應的第一步。個案對催眠中使用的喚醒式溝通產生反應，隨即對治療中所使用的喚醒式溝通產生反應。策略地播種一種想法，會為未來的目標搭造一個參考體驗，這就強化目標達成的效果。然後，治療師可以小步驟、小步驟地進入主要治療方法——用來喚起病人潛在資源的喚醒式治療方法，會誘發最佳狀態。我們可以做很多跟進工作，通常會提供個案關於如何、何時運用內在資源——我們在治療裡所誘發的內在資源。

艾瑞克森與約翰和瑪莉的工作大約一個小時。但我們需要花更長的時間來解構、分析並理解艾瑞克森使用的一些精妙且不尋常的方法。一個教條般的治療案例可以用直接的語言來解釋，但艾瑞克森的經驗式治療方法更像俄羅斯娃娃，多層次且多面向。再一次，艾瑞克森把治療概念轉化為喚醒式經驗，因此個案可以把這些體驗

輕易運用在生活裡。艾瑞克森提供一個當下體驗，個案必須自己去深刻體驗其中內涵。如此一來，個案就可以接觸到內在潛藏資源，轉化用來解決自己的問題。

因為我花了很多精力在談論約翰和瑪莉的案例上，讀者可能會好奇治療的結果到底如何。這個嘛，我不時與約翰聯繫，他說他現在無論閱讀或寫作，都沒有之前身體緊張的情形。我們在社交媒體上也有聯繫，他經常發有趣的貼文。

然而，約翰與瑪莉在諮詢結束後不久就分手了。我不認為艾瑞克森會認為這是一個失敗。治療幫助他們倆人找出他們之間的差異程度，並且很成熟地讓彼此放手離開。艾瑞克森透過建立一個改變的過程，戲劇性地創造了他的治療。在約翰與瑪莉的個案裡，主要治療方法就是一個簡單故事。但在說故事之前，艾瑞克森在兩人身上建立足夠的催眠反應，然後提供喚醒式體驗，最後再跟進收尾。

在與約翰和瑪莉的治療結束後，艾瑞克森與另外兩名學生進行治療。在他生命那段時期，艾瑞克森只剩下一點精力。他在客房的小辦公室裡工作幾個小時後，就會回到主屋裡休息。

再深入談論、分析這個案例時，我希望我有適當地強調一些重點，這些是艾瑞克森一輩子發展出來並經常使用的方法。我正在努力確保艾瑞克森的治療方法可以傳承下去，並且記錄在文獻中供後人參考。艾瑞克森是個天才，而我們站在他的肩膀上。透過更仔細地研究他的治療工作，可以更好地理解他的技巧與方法。我的目標是幫助其他人發展出有效的治療方法，就像艾瑞克森舉世聞名的有效方法。

第三章

學習治療師狀態：示範和練習

對於治療師而言，如何獲取治療師最佳狀態的最好培訓方式，就是角色扮演和反覆練習。如果只是單單透過讀書，要學習如何順勢而為、如何運用隱喻、如何運用策略、如何運用經驗式治療，是比較困難的。

以下的練習和逐字稿，是在 2017 年的世界心理治療發展大會上，我為一群治療師帶領工作坊所做的練習和示範。這些練習很困難，但是重點是持續不停鍛鍊，直到你進入治療師理想狀態，而不是每次都要求完美。這些練習需要反覆持續鍛鍊。

▍練習的架構

一個學員扮演個案，帶著一個問題前來，譬如憂鬱或是焦慮。另一個學員扮演治療師，透過目標引導的其中一個方法來做治療。這個互動時間要足夠長，允許治療師有時間進入自己的治療師理想狀態。通常這需要花五到十分鐘。這個練習的重點在於培訓治療師的專業發展，而不是解決個案問題。

譬如，如果個案很焦慮，而治療師的理想狀態是運用比喻，與其運用口語同理心說：「你看起來操煩很多事，」治療師或許可以說：「這就像是⋯⋯」，然後說出心裡浮現的任何東西，就算不是

最棒的比喻和類比也沒關係。

依據我的個人經驗，在治療早期提供比喻通常會笨手笨腳，像「大象」（elephant）一般，而不是「優雅」（elegant）地進行，但這也沒關係，我們的目的是找到一種說比喻的「直覺感受」。

多練習就會帶來自信心。當治療師發現這一點，並且把這種狀態帶到身體裡，就可能會發現「心錨」——也就是一個動作／東西可以快速幫助治療師進入這種狀態。這可能只是改變身體姿勢，或是改變聲音聲調，如此簡單的事。這個心錨可能一開始是頭腦構想出來的，熟練之後就會變成是一種身體記憶，自然流露。

一旦治療師描述他的狀態，找到心錨，扮演個案的那個人就可以給予反饋，幫助治療師更深入體驗這種狀態。個案不見得需要描述自己的個人經驗。我們這裡聚焦在幫助治療師發展這種狀態。

對於這些框架做完整的練習，能幫助治療師面對現實生活的情境。還記得我說透過一系列客製化的步驟學習滑雪嗎？事實上，這些練習也是運用相同道理，因為步驟總是固定不變的。然而，這個練習並不是要用在真實個案身上；相反地，這是治療師的培訓練習，幫助他們體驗最佳的治療師狀態。就像健身房的健身器材區；每個練習專注發展某些「特定肌肉」，同時也限制其他部分肌肉的發展。在這些過程中，治療師可以發現自己的不足，這會讓治療師聚焦在強化特定能力和狀態，增加特定鍛鍊。

▎解構狀態

我們可以輕易地定義我們所處在的狀態，譬如狂喜的、憤怒的、恐懼的或是充滿熱情的。但是為了更清楚定義我們所處的狀

態，我們會下意識地推論幾件事，包括想法、情緒、行為、畫面、現實情境、回憶、能量等級、動作、姿勢、與他人的身體距離、關係模式，以及情境變化因素。以上這些元素，隨便幾種的組合都能告訴我們現在所處的獨特狀態。

當狀態切換，我們通常會立即發現。譬如我們可能這一秒鐘感覺很舒服，下一秒鐘就變了。但是學習體驗一種狀態，並且經常保持在那種狀態裡，並不會自動發生。這需要很多練習。就像騎自行車，你跌倒，你爬起來，繼續重複這過程，直到體驗到如何保持平衡，然後變成自動化反應，此時你再也不需要思考如何騎自行車。你學會了。我所設計的練習，是用來誘發治療師的理想狀態，幫助他們持續練習，直到他們也學會。

雷娜（Reyna）是我工作坊裡的示範個案，她角色扮演一個個案。第一個練習的目的是成為說比喻的人，這也包括了類比的運用。我跟學員們描述了練習目標，然後示範給他們看。在示範之後，學員們互相練習。以下就是我的示範過程的逐字稿。

▎示範和練習一：成為說比喻的人

示範一

雷娜（以下簡稱雷）：嗨，我是雷娜。

傑弗瑞‧薩德（以下簡稱傑）：嗨，雷娜。今天什麼風把你吹來？

雷：恩，好的……我就是……我最近感覺不像我自己。我常常感覺低潮、沮喪、悲傷……

傑：所以，你感覺低落？

雷：是的。

傑：這就好像你沉下去了——就好像有個壓力的重量，水的重量，把你壓在底下。儘管你很想浮出水面，現在看來幾乎不可能；你感覺低落，你感覺沉下去了。

雷：是的。我感覺困住，起不來；就像早上甚至不想起床。

傑：那種困住的感覺……就像是你的腳長根種在地板裡。就好像你的腳黏膠在地板上。你盡可能想要用雙腳的力量，盡可能想要在人生道路上前進，這就好像你的雙腳被水泥黏在地板上。

雷：是的，我就是……我不想起來。我不想做任何事。我不想去任何地方。

傑：一種不想要的感覺，這就像是：「我想著想要。」我想著想要再次感受快樂。我想著想要再吃一次。這就好像你坐在一個豐盛宴席前面，你跟自己說：「豐盛宴席就在眼前？我想著想要去那裡。我想著想要再吃一次那個宴席。」

雷：是的，但是我沒有力氣。我再也不在乎了。

傑：所以這就像是缺乏力氣。就好像雷可以正常活著的那種感受消失了。就好像，隨便吧……就好像某些東西被切斷了。就好像你知道那裡有個力量存在，你知道那裡有個發電機存在，但是就好像連接的電線不見了——它沒有連結到引擎——你無法從引擎獲得力量，你想要去那裡。

雷：是的，我感覺好像跟萬事萬物都切斷連結了——跟我的生

活、我的家庭、我的朋友們都切斷了。

傑：就好像你從窗戶看出去，你看見生命，生命在外面，而你
　　困在這裡；你被黏在椅子上，門好像關上了。沒有任何動
　　力存在。就好像，「我知道門在那裡，但是我就是沒有力
　　氣。我沒有意願。我沒有動力去打開那扇門。」

　　然後我們練習結束，現在來解構一下治療師的說比喻狀態是什
麼：

傑弗瑞對雷娜以及其他學員說：所以，我如何知道自己處於說
　　比喻的狀態呢？我對我自己的狀態解構就因此變得很重
　　要。我知道我處於說比喻狀態，因為我坐著，身體向前
　　傾。我知道我處於說比喻狀態，因為我感覺自己精力充
　　沛。我知道自己處於說比喻狀態，因為觀眾消失了，就好
　　像我有個隧道視野，只能看見雷娜。當我有隧道視野時，
　　我是充滿活力，身體向前傾。這些都是一連串的線索，證
　　明我處於說比喻的狀態。

傑弗瑞對雷娜說：有沒有什麼事是我沒有注意到，而你發現
　　了，關於我處在說比喻狀態的細節？

雷：對我而言，你就像是思考著一部電影，或者你試著想像自
　　己處於……

傑：有什麼是你可以幫我，讓我提升我說比喻的狀態的？當個
　　案走進來，我突然間有了個隧道視野，突然間我身體向
　　前傾，突然間我充滿活力，我（知道）就在一個說比喻狀

態。

雷：有一種連結。你就像在說著：全神貫注看我。

傑：就好像我的視線變成一道光。我看見雷娜，我專注在細
　　節。當我專注在細節時，我就像是眼神放光，我處於一種
　　隱喻狀態。

　　在這個示範之後，學員們倆倆互相練習，然後角色交換，因此
每個人都有機會扮演兩個角色，治療師和個案。

示範和練習二：進入隱喻以及策略思考的狀態——使用隱喻和遞迴方法

　　在這個練習裡，學員們學習成為說隱喻的狀態，同時也運用遞
迴方法。學員們至少要遞迴一次，因此他們能夠體驗一下策略思考
的做法。

　　傑弗瑞對學員們說：我們想要練習進入理想狀態，並把這個理
　　　想狀態變成身體記憶讓隱喻、類比以及策略溝通能自然流
　　　露。

　　　我們要加上遞迴方法。遞迴是一種主題，在音樂裡就是
　　　類似的旋律。一個例子是貝多芬的第五交響曲，基本上
　　　是 1、2、3，然後跟進。這包含了兩個音調以及四個音
　　　符——在西方音樂裡最為人所熟知的四個音符。貝多芬運
　　　用這四個音符加上遞迴方法，創造了一個交響曲，在同一
　　　個主題上有細微的變化。而這些變化勾起了聽眾的興趣。

遞迴其實就是一種策略運用的例子——在心裡有個目標，然後創造一個鮮活的框架，進一步誘發理想目標體驗。

我們運用隱喻，我們把「就像是」這個部分去除，這樣你在暗示的意義以及隱喻本身，呈現一種平行關係，這個溝通就更加直接有效。譬如與一個個案溝通他很勇敢，治療師可能說：「你是一隻獅子」。但是如果我們運用類比，一種比較的模式產生，治療師可能說：「你就像獅子一樣勇敢。」隱喻比類比更讓人印象深刻。

示範二

傑：好的，你好，我是薩德博士。

雷：嗨，我是雷娜。

傑：嗨，雷娜。好的，告訴我，你今天想來處理什麼事？

雷：對，我最近感覺跟過去不一樣。我過去很快樂，但我現在好像什麼都不在乎了。我朋友想找我出去，我也不想。我過去都會跟他們一起出去玩，我喜歡看電影，但現在我整天就是躺在床上，我不知道，我就是……

傑：有個銀行，銀行有資產，銀行的資產在那裡。為了拿到銀行裡的資產，你必須打開門，你必須走進去，你必須做些事情讓你能走到銀行櫃員面前，然後，剛剛我所說的這一切都沒有發生？

雷：是的，我甚至走不到門那裡去。太麻煩，太費力氣了。大部分時間我甚至不想洗澡。過去兩週，我已經請三次病假了。

傑：好的，如果你有瓶可口可樂，你想要聽到氣泡聲，你想要看到氣泡，你想要感受不停冒泡，然而，現在可口可樂是沒氣的。

雷：是的，就是……我感受不到任何東西。沒有味道，沒有享受。

傑：你想知道你可以再次充滿氣泡，你可以不停冒泡，你可以充滿生命力；你可以感受到那個氣泡聲，讓你再次成為雷娜。現在，你不知道她在哪裡。

雷：是的。

傑：現在你在尋找。現在你失落了。現在這就好像你不知道它在哪裡，你如何得到它，這就像是……

雷：是的，我沒有氣泡。現在我的生命中沒有色彩。我是空的，空白的。

傑：當我還小時，當時沒有電視機。電視機的出現是一件很大的事。但是電視機是黑白的。所有節目都是黑白的：電影是黑白的，卡通是黑白的，所有事物都是黑白的。然後，突然間，有彩色了，色彩就突然出現了。你現在在等待，你想要色彩出現，你想要看見，你想要有多采多姿的體驗，而現在你迷失了。

示範結束，我跟學員們討論並解構我跟雷娜所做的事。

我和雷娜示範時，我運用了遞迴方法和隱喻。我如何知道自己處於策略思考和隱喻的狀態？好的，再一次，什麼讓我相信我是在隱喻狀態，線索是充滿活力而且身體向前傾。

雷：你也運用很多手勢。

傑：我運用我的手勢很多？好的，這很棒。我在運用手勢，讓
　　我的手引導我……這非常好。我可以感受我在運用我的
　　手。我雙手的表達本能可以指引我聚焦。我雙手的表達本
　　能可以讓我精力充沛。我雙手的表達本能可以指引我。但
　　這就像我沒有刻意安排？我沒有想著隱喻或是遞迴。這是
　　一種我非常喜歡的感受，允許事情自然發生。

　　學員們接著倆倆練習隱喻和遞迴，輪流扮演治療師和個案的
角色。之後，他們討論並解構彼此狀態，為理想狀態找到心錨。我
提供一個例子，什麼是處在隱喻的狀態：「『當你跟個案在一起，
他說了，『我感覺很棒！』你可以說，『你是一隻老鷹，你飛得很
高』。」

　　在我的工作坊裡，我一開始教類比，因為類比比較簡單。我會
建議學員在他們平時做治療時，持續練習運用類比幾週，直到這變
成他們的身體記憶。我也告訴學員，他們可以練習隱喻和遞迴，直
到這些狀態變成他們身體的一部分。

傑弗瑞對學員說：當你在跟個案練習你的治療師狀態時，請小
　　心。請記住，一點點調味料是好的，太多調味料會毀了整
　　道菜。我們在做的練習是處於一種純粹的形式，他們是用
　　來作為培訓的工具。這些工具會幫助你找到線索，讓你知
　　道你正處於一種策略思考以及隱喻的狀態。

▌示範和練習三：策略發展

策略發展的最原始樣貌有三步驟：1. 設置，2. 治療主軸，3. 跟進。我們也可以用跟隨、暗示、激勵。譬如：你在這裡（跟隨），你在聽我說話（跟隨），你在學習狀態（跟隨），然後你可以發現，發現那個心錨，用來定義你處於蛻變的治療師狀態（暗示），因為這會讓你成為更好的治療師（激勵），這會讓你成為更有創造力的治療師（激勵），這會讓你成為自己理想中的治療師（激勵）。（關於更多深入的策略溝通，請參考《治療師培訓手冊》，薩德，2015；以及《經驗式治療藝術》，薩德，2018）。

這種三步驟——跟隨、暗示、激勵——跟藝術上的用法很相似，我們每天也都會體驗到這些。在電影裡，這個過程稱為：進入、提供、退出。譬如，可能有個開場的場景（進入），在一棟商業大之外。接著，觀眾瞬間看到下一場景是在辦公室內（提供）。幾分鐘之後，說話聲音或音樂切換到下一個場景（退出）。這個基本過程在電影拍攝裡很常見，我也相信這是有效心理治療的基礎。

> 傑弗瑞對學員說：我會做個示範，然後你們做第三個練習。我
> 們會練習策略發展，這一次我們會加上隱喻（強化溝通）
> 聲音。我們要限制自己不用言語的隱喻、比喻、類比。我
> 們要練習如何運用聲音作為隱喻，結合策略發展的過程：
> 跟隨、暗示、激勵。

示範三

> 傑：嗨，我是薩德博士。

雷：哈囉，我是雷娜。

傑：嗨，雷娜。你今天要處理什麼議題呢？

雷：嗯，好的，我今天之所以在這裡是因為我男朋友說我擔心太多。他說我無法冷靜，無法活在當下，享受生活，然後他說我壓力太大，擔心太多。我甚至無法享受任何事，我就是擔心這個，擔心那個。我無法控制我自己，這就好像——我在乎未來，想要確保一切都沒問題。

傑：所以，你的男朋友告訴你、暗示你、提供你反饋，你將會蹦、蹦、蹦、蹦、蹦、蹦、蹦，啊，然後你不是啊哈！他想要你啊哈！

雷：是的，就像那樣，我無法停止我的頭腦。我腦子裡總是有許多事。我思考很多，這有問題嗎？

傑：因此，對你而言，蹦、蹦、蹦、蹦、蹦、蹦完全沒問題。

雷：是的。

傑：而這就是你，因為你知道，如果你做了蹦、蹦、蹦、蹦，那麼有些事可能不會發生。或是，有些事可能用一種你不喜歡的方式發生。因此，蹦、蹦、蹦、蹦、蹦真的對你很有幫助？

雷：是的，如果我放鬆下來，壞事可能發生。萬一壞事發生了怎麼辦？就像是，某人看到我，我做了傻事，然後我羞愧到無地自容？

傑：是的，所以你在思考，你在準備，你在整理你自己。如果一隻獅子出現了怎麼辦？我最好做些事情。因此，你就做，做，做，做，嗯，哈。

雷：是的，我喜歡是是有準備。

傑：嗯嗯。你的男朋友在暗示你的是，蹦、蹦、蹦，有些事會
　　讓他呃，啊。

雷：是的。

傑：他真的希望你們兩人是嗯，嗯，嗯。

雷：是的，他說如果我冷靜下來，我們會少吵一些架，但是我
　　無法控制自己，我就是……我是愛擔心的人。我血液裡流
　　著擔心的基因。

傑：嗯嗯。所以你是個愛擔心的人。擔心在你血液裡流動？我
　　們來看看，有些思考事情的方式，有些瞭解事情的方式，
　　有些轉化事情的方式可以幫到你。兩個女人走在凱特拉大
　　道，其中一個女人帶著護身符。另一個女人說：「這個護
　　身符太厲害了。」第一個女人說：「是的，這保護我不被
　　老虎吃掉。」第二個女人說：「老虎？凱特拉大道哪來的
　　老虎。」第一個女人拿起她的護身符說：「你看，這個護
　　身符多麼有效？」

　　因此，你是小雷娜，你跟你媽媽說，你跟你爸爸說：「我要
出去玩。」然後他們說：「蹦、蹦、蹦、蹦、蹦、蹦、蹦。小心一
點，過馬路要小心，馬路兩邊都要看，要小心點，不要跟陌生人說
話。」然後他們蹦、蹦、蹦、蹦、蹦、蹦。然後你學會了，為了脫
離蹦、蹦、蹦、蹦、蹦、蹦，你看到這是一個護身符，你爸媽給你
的護身符。

　　再一次，示範之後，有個解構和反饋。這麼目的是幫助學員練

習理想狀態，因此這些狀態可以從頭腦記憶變成身體記憶。

下一章，更多練習用來幫助治療師發展理想狀態。

| 第四章 |

結構性練習清單

在跟雷娜的示範裡，我運用了多種的治療方法，因為時間有限，而我想要學生們練習更多不同的狀態。

在這一章裡，我只提供喚醒式治療取向的練習，我們專注在這上面。這些練習會激發喚醒式狀態，包括隱喻和強化溝通，策略發展和順勢運用。為了強化治療師的理想狀態，對於每個練習，我提供假設性案例，運用類似的個案治療對話。（如果你有興趣了解治療師發展的練習，請參考我的書《治療師培訓手冊》，2015）。

我建議現場實操練習，輪流扮演治療師和個案，最多不要超過十二組。為了發展有效的治療師／溝通者狀態，這些練習應該反覆鍛鍊。把這些練習看成是音樂的音階，甚至音樂演奏大師都會持續做音階練習。

治療師可以發展一個心錨，用來幫助自己進入治療師理想狀態。有些人類身體功能可以被用來當作心錨。以下我列出十八種可能的心錨，用來幫助進入快樂的狀態。

▌理想狀態的心錨

理想狀態：快樂

1. 情感：我知道自己在理想狀態，因為我感到心情輕鬆愉悅。

2. 行為：我知道自己在理想狀態，因為我微笑更多了，走路的時候感覺就像春天來了。

3. 想法：我知道自己在理想狀態，因為我有許多正向想法。

4. 感知：我知道自己在理想狀態，因為色彩變得更加鮮明。

5. 感官：我知道自己在理想狀態，因為我的身體變得更加輕盈、活潑。

6. 關係模式：我知道自己在理想狀態，因為我變得有愛心，跟我的愛人以及小孩一起做規劃。

7. 生理反應：我知道自己在理想狀態，因為我的血壓下降，我晚上睡得香沉。

8. 情境線索：我知道自己在理想狀態，因為更多人被我吸引，我的工作能力提升。

9. 品質，像是強度：我知道自己在理想狀態，因為我笑得更用力、更盡興，我感覺自己像是要爆炸一樣，帶有無窮可能性。

10. 態度：我知道自己在理想狀態，因為我樂觀，而且我朝向目標前進。

11. 畫面：我知道自己在理想狀態，因為我現在可以想像更美好的未來。

12. 節奏：我知道自己在理想狀態，因為我放慢速度了。

13. 時間：我知道自己在理想狀態，因為我更活在當下。

14. 回憶：我知道自己在理想狀態，因為我可以回想起小時候許多美好時光。

15. 能量等級：我知道自己在理想狀態，因為我充滿能量，精力

充沛。

16. 姿勢：我知道自己在理想狀態，因為我坐得更挺直了。

17. 動作：我知道自己在理想狀態，因為我說話時手勢更生動了。

18. 順序：我知道自己在理想狀態，因為當我四處觀看，我看到自己喜歡的東西，做個深呼吸，我記住這個感覺。最終，我的身體放鬆下來。

學生或同事可以在角色扮演中練習以下練習。每次練習後，參與的人將共同努力解構，並確定治療師目標狀態的心錨。運用上面的清單，找到適合的心錨。討論要聚焦在治療師的狀態上，而不是對個案的療效如何。但是，個案可以幫助治療師確定特定的錨點。

在臨床實踐中，應謹慎決定採用導向。溝通是根據它所引起的效果，而不是結構的巧妙程度來判斷的。

練習 A：同理心

角色：兩人一組，治療師和個案。個案提出一個假設問題，像是焦慮或是憂鬱。

治療師的練習：創造簡單、有同理心的反饋。

內容：如果個案說「我很憂鬱」，試著達成一種至少等級三的反饋。

同理心反饋的等級：

等級一：對於問題的反饋：「為什麼？」「發生什麼事了？」

等級二：一般的反饋：「你看起來是有些情緒。」

等級三：一種有同理心的交流反饋：「我知道你很傷心，這對你來說一定很痛苦。」

等級四：一種更深刻的同理心反饋，理解所表達的情感：「你明顯感到痛苦。你掙扎著想要脫離悲傷，這就像是一個無底洞。」

等級五：一種更加深刻對於情感的同理和理解：「你可能感受到深刻的痛苦，甚至還有些你沒有發現的憤怒。你感覺困住，現在無法擺脫那些感覺。你想要回到過去美好的人生。」

　　在練習完成後，兩人一起做個解構，辨認出治療師的同理心狀態，並且運用上面的清單，找到適合的心錨。討論要聚焦在治療師的狀態上，而不是對個案的療效如何。

角色交換。

案例：憂鬱個案

個　　案：我感覺悲傷。

治療師：你感覺低落。

個　　案：我好像提不起勁，沒有能量。

治療師：你現在沒有動力做任何事情。

個　　案：我什麼事情都做不好。

治療師：你無法前進，無法朝向目標邁步。

案例討論：

治療師：我知道自己處於同理心的狀態，因為我的身體傾向個案靠
　　　　近，我的視覺變得敏銳。

個　案：同時你的說話聲音變得溫柔。

▎練習 B：運用類比和比喻

角色：兩人一組，治療師和個案。個案持續扮演焦慮或是憂鬱。

治療師的練習：如果你用的是類比，你的開頭句子會是，「這就像
　　　　是……」，把空白的地方填滿任何浮現你內心的字句。允許
　　　　自發性的反應。或許一開始先練習顏色或形狀。譬如，如果
　　　　個案憂鬱，治療師可能說：「你的憂鬱就像是一個冰冷堅硬
　　　　的石頭，隨時隨地帶著這顆石頭走動一定很辛苦。」

內容：運用類比或是比喻來強化效果。

　　　　然後，解構過程來辨認出治療師的理想狀態，並且找到心錨。

角色交換。

案例：

個　案：我感覺憂鬱。

治療師：這就像是天空裡滿布烏雲。

個　案：我感覺沒有力氣。

治療師：這就像是你的電池用完，你無法出門也無法做任何事。

｜第四章｜　結構性練習清單　■　209

個　　案：我沒有辦法開始做事情。

治療師：這就像是一台車子無法啟動進入一檔。

▍練習 C：運用一個聲音或是一個強化溝通

角色：兩人一組，治療師與個案。個案持續扮演焦慮或是憂鬱。

治療師的練習：你開始時的反饋是這樣說：「這就像是你感覺……」，在空白的地方填上任何你想發出的聲音。順其自然。

內容：盡可能地，運用一個字，發出一個聲音，或是發出沒有意義的奇怪聲音。

　　解構過程，用來辨認出治療師理想狀態，以及找到心錨。

角色交換。

案例：

個　　案：我感覺憂鬱。

治療師：這就像是你感覺叭。

個　　案：我好像沒有力氣。

治療師：這就像是你是嗚噓。

個　　案：我沒有動力去做事。

治療師：這就像你無法呋噓噓。

練習 D：運用空間隱喻

角色：兩人一組，治療師與個案。個案持續扮演焦慮或是憂鬱。

治療師的練習：創造空間的隱喻，運用身體距離感。

內容：適度地創造同理心的空間隱喻，可能是改變你在房間裡位置，或是一個傢俱的位置。

一起解構，來辨認出治療師的理想狀態，以及找到心錨。

角色交換。

案例：

個　案：我感覺憂鬱。

治療師：你感覺就像是……（治療師垂下頭，把頭放在自己的手上。）

個　案：我感覺沒有能量。

治療師：你感覺就像是……（治療師把椅子傾斜到一邊。）

個　案：我感覺做不了任何事。

治療師：你感覺就像是……（治療師離開自己的椅子，平躺在地上。）

練習 E：遞迴（進入策略思考狀態）

角色：兩人一組，治療師和個案。個案持續扮演焦慮或是憂鬱。

治療師的練習：運用主題，以及三個一組的變化性。

內容：每次重述句子時都創造一點不同變化性。

一起解構，辨認出理想的治療師狀態，以及找到心錨。

角色交換。

案例：憂鬱個案

個　　案：我感覺憂鬱。

治療師：你感覺低落、憂鬱，而且像是藍色（blue，藍色在英文裡
　　　　　有陰暗的雙重意義）。

個　　案：我感覺沒有能量。

治療師：這就像是你無精打采、單調無味、沒有火花。

個　　案：我沒有辦法做任何事。

治療師：你無法參與什麼、發動什麼或是投入什麼。

▍練習 F：同頻以及非語言的隱喻

角色：兩人一組，治療師和個案。個案持續扮演焦慮或憂鬱。

治療師的練習：持續同頻。

內容：同頻是一種社交模仿。運用大概的感受，而不是完全一樣的
　　　　模仿。避免讓個案感覺不自在。

　　一起解構，辨認出治療師的理想狀態，並且找到心錨。

角色交換。

個　　案：我感覺憂鬱（頭向下看）。

治療師：你看起來憂鬱（頭稍微向下看）。

個　　案：我感覺沒有能量（嘆息）。

治療師：你缺乏動力和力量（肩膀下垂）。

個　　案：我沒有辦法做任何事（身體傾向右邊）。

治療師：你無法讓自己前進（身體稍微傾向左邊）。

練習 G：量身定制

角色：兩人一組，治療師和個案。個案繼續保持在焦慮或憂鬱裡。

治療師的練習：說個案的「經驗語言」。

內容：決定一下個案的價值觀是什麼，創造一個同理心反饋，展示出治療師理解這些價值觀。

一起解構，辨認出治療師的理想狀態，並且找到心錨。

角色交換。

案例：關於一個有駕駛飛機嗜好的個案

個　　案：我感覺憂鬱。

治療師：你好像沒有辦法起飛。

個　　案：我感覺沒有能量。

治療師：這就像是你的燃料用完了。

個　案：我無法看到自己美好的未來。

治療師：你暫時失去你的飛行視野，你正飛越過一群黑暗的雲朵。

▍練習 H：策略發展

角色：兩人一組，治療師和個案。個案持續扮演焦慮或憂鬱。

治療師的練習：用策略步驟的方式進行治療。

內容：運用三步驟過程，設置、治療主軸、跟進（跟隨、建議、激勵）。

案例：焦慮的個案

1. 你來接受治療因為你很焦慮……
2. ……你可以開始……體驗到你可以管理此時此刻的能量……
3. ……因為你想要感到更有安全感。

　　一起解構，找到治療師的理想狀態，並且找到心錨。

角色交換。

案例：憂鬱個案

個　案：我感覺很憂鬱。

治療師：你過去很痛苦，你可以開始……聚焦在你的祝福，因為你想要再次體驗快樂。

個　案：我好像沒有力氣。

治療師：你處於耗竭的狀態，但是你可以找到一些備用能量，因為

你有許多理由，讓自己感覺被愛。

個　　案：我沒有辦法做任何事。

治療師：你在等待；你在思考。「我何時可以輕鬆參與一些事？」
　　　　有許多事你想要去做。

▌練習1：去穩定化

角色：兩人一組，治療師和個案。個案持續扮演焦慮或憂鬱狀態。

治療師的練習：運用適度的去穩定化，重新建立新的穩定性。

內容：去穩定化是一種策略過程，用來在對話中創造適當的「漣
　　　漪」，提昇對話的緊張強度。去穩定化可以透過語言或非語
　　　言的方式完成。一個運用口語創造去穩定化效果的例子是，
　　　重複運用負向詞語，或是同音字詞。譬如：「這不是你不知
　　　道，什麼幫不了你，去鬆綁那個綁住你的死結。這不是真的
　　　嗎？（It's not that you don't know what won't help you to untie the
　　　knots that bind you. Is this not true?）」

　　　儘管在治療中，去穩定化對於菜鳥來說看似艱難，眾多媒體幫
助我們成為專家。在許多電視廣告裡，去穩定化被廣泛使用。譬如
一瓶清潔劑可以唱歌並跳舞。這在音樂裡也常見，和諧音和不和諧
音交替演奏。

　　　一起解構，找到治療師的理想狀態，並且找到心錨。

角色交換。

案例：焦慮個案

個　　案：我感覺很焦慮。

治療師：這不是，你不想感受冷靜……這只是你雙手被死結綁住；
　　　　　不是這樣的嗎？

個　　案：我害怕未來。

治療師：有許多次，你想要逃跑，感覺就像跳蚤一樣渺小。

個　　案：我無法跟其他人互動，無法感到安全。

治療師：你可能感覺自己總是孤單一人，內心裡有個洞
　　　　　（hole）……你可以突然發現，當你加入其他人，你變成
　　　　　一個更大的整體（whole）。

▎練習 J：身體雕像

角色：兩人一組，治療師和個案。個案持續扮演焦慮或憂鬱。

治療師的練習：運用你的身體，創造一個三度空間的問題雕像。把
　　　　　治療變成一種雕塑視覺藝術。

內容：治療師運用自己的身體，創造一個「雕像」，象徵治療師對
　　　　　個案的同理和了解。

　　　一起解構，找到治療師的理想狀態，並且找到心錨。

角色交換。

案例：憂鬱個案

個　案：我感覺憂鬱。

治療師：（治療師站起來）把我雕塑一下，變成你的憂鬱，因為我
　　　　想要更好地瞭解你的感受。（個案告訴治療師怎樣做，治
　　　　療師捲曲成一顆球狀，躺在地上，就像個案所想像、建議
　　　　的一般。這時治療師可以說說自己的感受。）

個　案：我感覺沒有能量。

治療師：把我雕塑成「沒有能量」，這樣我可以更瞭解你的感受。
　　　　（個案告訴治療師如何做，治療師在地上躺平，如同個案
　　　　所指示的一般。）

個　案：我沒有辦法做任何事。

治療師：把我雕塑成一個樣貌，代表「我做不了任何事」，這樣我
　　　　可以更好地瞭解你的感受。（個案告訴治療師如何做，治
　　　　療師試著把自己提起來，費盡力氣也做不到。）

練習 K：平行溝通 I

角色：兩人一組，治療師和個案。個案持續扮演焦慮或憂鬱。

治療師的練習：這個練習有兩個條件。條件一，治療師運用一個類
　　　　比展示同理心：描述一條河流。條件二，治療師描述一條
　　　　河流，把聚焦解答的概念傳遞出去，從而誘發個案的內在資
　　　　源，可以幫助解決眼前問題。

內容：治療師應該在表面描述一件事，而實際上，在喚醒式層面溝
　　　　通另一件事。

一起解構，找出治療師的理想狀態，並且找到心錨。

角色交換。

個　　案：我感覺憂鬱。

治療師：想像一條河流。有時候有漩渦，河流無法自由地流動。

個　　案：我感覺沒有能量。

治療師：一條河流有時候遇到一個水壩，但是這只是暫時的堵住。

個　　案：我無法做任何事。

治療師：一條河流有時候在乾旱時期會枯乾。

個　　案：我感覺憂鬱。

治療師：河流一開始是單獨流動的小水滴，遇見其他水滴，加入一起流動，變成一條賦予生命的河流，最終獲得動力能量，變成一條飽滿、生生不息流動的河流。

個　　案：我感覺沒有能量。

治療師：一條河流可以在表面看似不動，但在河流深處，充滿生命力和能量。河流可以改變路線，獲得動力能量……可能需要一條新的路線。

個　　案：我沒有辦法做好任何事。

治療師：所有的河流都有個源頭，找到源頭或許可以幫助我們瞭解未來要去的方向。

練習 L：平行溝通 II

角色：兩人一組，治療師和個案。個案持續扮演焦慮或憂鬱。

治療師的練習：描述一棟建築物，用隱喻的方式表達同理心。同時，引導個案找到個人的力量。

內容：治療師可以在表面描述一個事物，然後在喚醒式溝通的層面表達另一件事。

一起解構，找到治療師的理想狀態，並且找到心錨。

角色交換。

案例：憂鬱個案

個　案：我感覺憂鬱。

治療師：你就像是一棟老舊、被廢棄的大樓，裡面的房間都是空的。但是，老舊的建築通常很吸引人，只要做些裝修，就會變得很有價值。裝修可以帶來新的風格和功能。

個　案：我感覺沒有能量。

治療師：在晚上，很多大樓會把燈關了，把窗簾放下，把門鎖上。但是，到了早晨，人們來了，窗簾被拉上，陽光從窗戶照射進來，突然間就充滿了能量和生機。

個　案：我感覺做不了任何事。

治療師：你是一棟建築物，你的建築工事被突然中止了。但是，你已經打好了地基，地基很穩固，很堅固，地基可以支撐未來的裝修和進一步建設。

練習 M：運用關係作隱喻

角色：兩人一組，治療師和個案。個案持續扮演焦慮或憂鬱。

治療師的練習：運用隱喻或是比喻來描述治療師和個案的關係品質。運用另一個比喻或是隱喻來描述一下，如何提升兩人的治療關係。

內容：治療師可以扮演一個觀察者角色，透過隱喻或是比喻，來描述兩人之間的關係品質。

一起解構，找到治療師的理想狀態，並且找到心錨。

角色交換。

案例：憂鬱個案

個　　案：我感覺憂鬱。

治療師：當我此時此刻與你在一起，我感覺像是一個接生婆，或是一個醫師，想要幫助你有個新生命。我想要獲得你的信任，把一個新的美好生命帶到這世界上。

個　　案：我感覺沒有能量。

治療師：當我跟你在一起，就好像我想要變成一個點火器，幫你燃起火焰。

個　　案：我無法做好任何事。

治療師：我們一起爬一座山，你可以靠在我身上。我會是一個強壯、值得信任的嚮導。

記住，這些練習是我設計過的教學步驟。治療師可以發現自己最擅長的是什麼，持續練習，達到巔峰狀態。治療師也應該要發現自己的缺點和弱點，並且練習突破和克服這些障礙。記住，這些練習就像是健身房裡的器具器材，用來幫助你鍛鍊你的強項，幫助你提升你的弱項，並且跨越限制障礙。持續練習，你就會達到整體性的治療功力提升和治療師理想狀態的精進。

| 第五章 |

後話

親愛的讀者：

　　謝謝你跟我一起參與解構、探索喚醒式治療的元素，這會精進心理治療的功力和水準。各個學派的心理治療師都能夠從中學習，並且成為喚醒式溝通高手。書中所提的許多喚醒式元素，從未在任何高階心理治療培訓中被提到過。我衷心希望我提供足夠的教材，讓你們可以開始鍛鍊自己做心理治療的能力。我也邀請你去探索藝術裡的其他元素，用來提升深刻體驗，就像是，查爾斯·狄更斯（Charles Dickens）擅長運用扣人心弦的劇情，托妮·莫里森（Tony Morrison）擅長運用預言在小說裡，史蒂芬·史匹柏（Stephen Spielberg）擅長運用著名的蒙太奇手法。李奧納德·伯恩斯坦（Leonard Bernstein）擅長運用音調和速度的變化，瑪格麗特·阿特伍德（Margaret Atwood），擅長運用多層次的溝通。治療的藝術就在於運用溝通達到最大效果，從而我們可以探索無限的可能性。

　　我們看一下音樂裡的和諧性，許多不同的音符同時發生，造就一段優美旋律。我們在心理治療裡也可以協同地運用這些元素，達到理想的治療效果。治療裡常見的問題是，個案通常知道自己該做什麼，譬如做些健康的選擇，但是他們通常做不到他們該做的事。

當一個治療師和諧地發展出一個整合架構，透過心口合一的表達，順勢運用治療裡的元素，用一種量身訂做的順序方式傳遞給個案，就可以在個案身上誘發獨特體驗。

現在，你的功課是，帶著創造力組合各種不同學派技巧，強化你自己的治療風格。每個治療師在治療裡都帶著自己獨一無二的聲音（不論你的學派是什麼）。因此，一開始找到有趣的基礎元素，多下工夫練習來決定他們的好壞，繼續練習你喜歡且擅長的，逐漸發展並強化你的治療風格。

在治療的專業領域裡，有許多個人喜好，而不是規矩。心理治療的世界裡充斥著許多衝突，互不相讓的理論學派，以及伴隨而來的僵化方法和規矩。但是在藝術裡，沒有規矩。藝術是隨機變化、活生生、持續演化的。小說家知道有許多不同觀點來述說一個故事，會獲得同樣的完美結局。譬如灰姑娘的故事，可以從那兩個姊妹的角度來說故事，從精靈教母的角度，從王子的角度，從村民的角度，從城堡的角度等等。

我身為一個專業的心理治療師，已經超過四十五年，我研讀並撰寫心理治療裡的許多重要議題。我可以從多年的經驗告訴你，沒有哪種方法是完全正確的治療方法。我看過偉大的心理治療大師專注看個案身上的細微線索，而其他大師看的是明顯的問題。這兩種不同學派都可以獲得同樣的良好結果。

在科學裡，關於基礎的構建磚頭大家可能有共識，在醫學裡，關於不同病症的治療和照顧大家可能有共識。但是，在治療裡沒有所謂的唯一共識；也沒有所謂的核心元素或是唯一的治療方法。心理上的問題可以擁有行為上、情感上、認知上、感知上、態度上、

過去歷史上、文化上、人際關係上、生理上、靈性上、存在上等不同面向。因為有許多觀點和切入方法可以有效，治療師可以根據自己的喜好，自由選擇治療方法和處理元素。

在這本書中有列出三種非常重要的概念：（一）引導導向；（二）策略思考；（三）順勢運用。也有關於這些概念的分支。有些治療師會覺得理解這些概念很容易。然而，運用這些概念並不會讓你成為心理治療大師。引導導向、策略思考和順勢運用是我做治療時常用的方法，但不是所有的大師都會運用這些方法。找到適合你的學派，並且致力於鍛鍊這些方法，直到他們成為你治療師專業發展的核心狀態。如果你找到新的概念，想要探索並強化，這本書提供你一些參考方法去發展專業能力。

經驗式方法和喚醒式溝通是刺激獨特體驗所必要，這會幫助個案建立更好的狀態和身分。不論你的治療目標是學習運用隱喻或是策略思考，或是你想要鍛鍊順勢而為、播種技巧、遞迴溝通，或是練習推論式溝通，你必須在治療裡或是平常時間裡反覆練習喚醒式溝通，直到這些東西變成身體記憶。當這些深刻體驗變成一種自然狀態，治療師就創造出自己新的身分，使治療變得更有效率、更能享受治療的過程。

當你打開這本書的片刻，你就是接受我的邀請並且敞開自己。我衷心希望，隨著我這些年的精進成長，這個邀請會給你帶來更多甜美的果實和禮物。

傑弗瑞·薩德

延伸閱讀

- 《找回家庭的療癒力：多世代家族治療》（2020），茅里齊奧‧安東爾菲（Maurizio Andolfi），心靈工坊。
- 《假性親密：修復失衡的互動，走進真實關係》（2020），馬克‧伯格（Mark B. Borg, Jr.）、葛蘭特‧柏連納（Grant Hilary Brenner）、丹尼爾‧貝利（Daniel Berry），心靈工坊。
- 《經驗式治療藝術：從艾瑞克森催眠療法談起》（2019），傑弗瑞‧薩德（Jeffrey ‧ K. Zeig），心靈工坊。
- 《我們之間：薩提爾模式婚姻伴侶治療》（2019），成蒂，心靈工坊。
- 《當我遇見一個人：薩提爾精選集 1963-1983》（2019），約翰‧貝曼（John Banmen）編，心靈工坊。
- 《短期團體心理治療：此時此地與人際互動的應用》（2018），歐文‧亞隆（Irvin D. Yalom），心靈工坊。
- 《意義的呼喚：意義治療大師法蘭可自傳》（2017），維克多‧法蘭可（Viktor E. Frankl），心靈工坊。
- 《催眠之聲伴隨你》（2016），米爾頓‧艾瑞克森（Milton H. Erickson）、史德奈‧羅森（Sidney Rosen），生命潛能。
- 《生生不息催眠聖經：創造性流動的體驗之旅》（2015），史蒂芬‧紀立根（Stephen Gilligan），世茂。

- 《不尋常的治療：催眠大師米爾頓・艾瑞克森的策略療法》（2012），傑・海利（Jay Haley），心靈工坊。
- 《讓潛意識說話：催眠治療入門》（2014），趙家琛、張忠勛，心靈工坊。
- 《催眠治療實務手冊》（2014），蔡東杰，心靈工坊。
- 《成為一個人：一個治療者對心理治療的觀點》（2014），卡爾・羅哲斯（Carl Rogers），左岸文化。
- 《愛與生存的勇氣：自我關係療法的詮釋與運用》（2005），史蒂芬・吉利根（Stephen Gilligan），生命潛能。
- 《艾瑞克森：天生的催眠大師》（2004），傑弗瑞・薩德（Jeffrey K. Zeig），心靈工坊。
- 《跟大師學催眠：米爾頓・艾瑞克森治療實錄》（2004），傑弗瑞・薩德（Jeffrey K. Zeig），心靈工坊。

參考文獻

Dutton, D. G., & Aron, A. P. (1974). Some evidence for heightened sexual attraction under conditions of high anxiety. *Journal of Personality and Social Psychology*, 30(4), 510-517.

Ekman, P. (2007). *Emotions revealed: Recognizing faces and feelings to improve communication and emotional life*. New York: Henry Holt.

Erickson, M. H. (1955). The Hypnotherapy of Two Psychosomatic Dental Problems. *Journal of the American Society of Psychosomatic Dentistry and Medicine*, 1, 6-10.

Erickson, M. H. & Haley, J. (1985a). Voice Problems, Enuresis, Insomnia. In J. Haley (Ed.), *Conversations with Milton H. Erickson*, M.D., Volume I: Changing Individuals (pp.44-45). New York: Triangle Press.

Erickson, M. H. & Haley, J. (1985b). Changing views and interview techniques. In J. Haley(Ed.), *Conversations with Milton H. Erickson*, M.D., Volume II: Changing Couples (pp.170-172). New York: Triangle Press.

Erickson, M. H., & Rossi, L. E. (1974). Varieties of hypnotic amnesia. *The American Journal of Clinical Hypnosis*, 16(4), 225-239.

Godden, D. R., & Baddeley, A. D. (1975). Context-dependent memory in two natural environments: On land and underwater. *British Journal of Psychology*, 66(3), 325-331.

Goodwin, D.W. & Powell, B. & Bremer, D. & Hoine, H. & Stern, J. (1969). Alcohol and recall: State-dependent effects in man. *Science* (New York, N.Y.). 163. 1358-60.

Haley, J. (1973). *Uncommon therapy: The psychiatric techniques of Milton H. Erickson*, M.D. New York, NY: Norton.

Pavlov, I. P. (1928). The reflex of purpose. In I. P. Pavlov & W. H. Gantt (Trans.), *Lectures on conditioned reflexes: Twenty-five years of objective study of the higher nervous activity (behaviour) of animals* (pp. 275-281). New York, NY, US: Liverwright Publishing Corporation.

Peters, Thomas J., & Robert H Waterman Jr. (1982). *In search of excellence: lessons from America's best-run companies*. New York: Harper & Row.

Rushdie, S. (1990). Haroun and the sea of stories. Granta in association with Penguin. Schachter, S; Singer, J. (1962). Cognitive, social, and physiological determinants of emotional state. *Psychological Review*. 69 (5): 379-399

Zeig, J. K., & Erickson, M. H. (1980). *Teaching seminar with Milton H. Erickson*, M.D. New York, NY: Brunner, Mazel.

Zeig, J. K. (1992). The virtues of our faults: A key concept of Ericksonian therapy. In J. K. Zeig (Ed.), *The Evolution of Psychotherapy: The Second Conference* (pp. 252-269).New York, New York: Brunner/Mazel.

Zeig, J.K. (2006). Seeding. In J.K. Zeig (Ed.), *Confluence: The Selected Papers of Jeffrey K. Zeig* (pp. 155-178). Phoenix, AZ: Zeig, Tucker &

Thiesen, INC.

Zeig, J. K. (2014). *The induction of hypnosis: An Ericksonian elicitation approach*. Phoenix, AZ: The Milton H. Erickson Foundation Press.

Zeig, J. K. (2015). *Psychoaerobics: An experiential method to empower therapist excellence*. Phoenix, AZ: Milton H. Erickson Press.

Zeig, J. K. (2018). *The anatomy of experiential impact through Ericksonian psychotherapy: Seeing, doing, being*. Phoenix, AZ: The Milton H. Erickson Foundation Press.

Psychotherapy 051

喚醒式治療：催眠・隱喻・順勢而為
Evocation: Enhancing the Psychotherapeutic Encounter

傑弗瑞・薩德（Jeffrey K. Zeig, PhD）——著　洪偉凱——譯

出版者—心靈工坊文化事業股份有限公司
發行人—王浩威　總編輯—王桂花
執行編輯—趙士尊　封面設計—羅文岑
內頁排版—龍虎電腦排版股份有限公司
通訊地址—10684台北市大安區信義路四段53巷8號2樓
郵政劃撥—19546215　戶名—心靈工坊文化事業股份有限公司
電話—02）2702-9186　傳真—02）2702-9286
Email—service@psygarden.com.tw　網址—www.psygarden.com.tw

製版・印刷—彩峰造藝股份有限公司
總經銷—大和書報圖書股份有限公司
電話—02）8990-2588　傳真—02）2990-1658
通訊地址—248新北市新莊區五工五路二號
初版一刷—2020年9月　ISBN—978-986-357-191-9　定價—380元

【The Empowering Experiential Therapy Series】
Evocation: Enhancing the Psychotherapeutic Encounter
Copyright ©2019 by Jeffrey K. Zeig
Published by Milton H. Erickson Foundation Press
Complex Chinese Translation Copyright © 2020 by PsyGarden Publishing Co.
ALL RIGHTS RESERVED

國家圖書館出版品預行編目資料

喚醒式治療：催眠.隱喻.順勢而為 / 傑弗瑞.薩德(Jeffrey K. Zeig)著；
　洪偉凱譯. -- 初版. -- 臺北市：心靈工坊文化，2020.09
　　面；　公分
　譯自：Evocation : enhancing the psychotherapeutic encounter.
　ISBN 978-986-357-191-9(平裝)

　1.心理治療　2.臨床心理學

178.8　　　　　　　　　　　　　　　　　　　　109013680